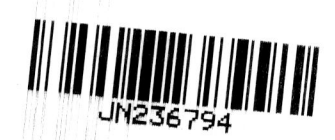

絵と文章でわかりやすい!

図解雑学

「ゲーム理論」

首都大学東京都市教養学部教授 渡辺隆裕＝著

軍縮や環境問題といった世界規模の大問題からビジネスでの意思決定、町内会の小さないざこざまで、頭を悩ます難問に解決の糸口を与えてくれる強力なツールがあります。それが「ゲーム理論」です。

ナツメ社

◎はじめに◎

少し前までは「ゲーム理論を研究している」と言っても皆さん「何のことやらさっぱり」という感じでしたが、最近は「囚人のジレンマという言葉は聞いたことがある」という方も多くなりました。モラルハザード、インセンティブ、リスク分担など、関連するキーワードも日常生活でよく耳にするようになり、ゲーム理論に対する一般の方の関心が高くなっていることを感じます。

私は、1998年頃からゲーム理論に関するホームページを運営し、本の紹介を掲載してきました。最近は「ゲーム理論を実践して、ビジネス・政策決定の現場や日常生活における意思決定に役立てたいが、どのような本を読めばよいか」という要望が、たくさん寄せられるようになりました。

関心の高さを受けて、ゲーム理論の和書もたくさん出版され、バラエティに富んできました。手にとって見るとそれらは大きく２つのタイプに分けられることがわかります。１つは、経済学を中心とした学問の基礎としてゲーム理論を習得するテキスト形式の本で、もう１つは、研究者や学生ではない一般の方やビジネスマンにゲーム理論を紹介する本です。

前者のタイプの本は、しっかりとゲーム理論を理解するには良いのですが、論理を厳密に身につけさせるために数学的な表現を避けられず、また複占競争などの経済学の専門的な例も多くなってしまうため、経済学を学んでいる学生以外の方には少し難しいかもしれません。また後者のタイプは、確かに読み物としてはおもしろく、理解した気にはなるのですが、読後にいざ実践しようとすると、「はて、どうしたものか」と立ち止まってしまいます。

ゲーム理論を知識として獲得するだけではなく、意思決定や分析に用いるための技法として身につけるためには、利得行列やゲームの木といった理論的な道具を使いこなせるように訓練しなければなりませんが、このタイプの本ではそれはできないからです。

このような中で「一般の方が、電車の中でも読めて、しかも読み物で終わることなく、ビジネスや日常生活で使えるゲーム理論的技法を身につける」ことを目標に、本書は執筆されました。このようなことが可能になったのは、図解雑学シリーズが持つ「絵で見て理解する」という形式によるものです。

私はこれまで、東京工業大学、岩手県立大学、東京都立大学などの学生や、筑波大学、政策研究大学院の社会人修士、東京都の都民向け公開講座など、多くの場所でいろいろな方を対象にゲーム理論を教えてきました。その経験では、長い文章や式で説明するよりも、図や絵を用いることで、理論に対する理解を飛躍的に高めることができます。授業でよく用いた図やアイディア、ノウハウも蓄積していたので、何とかこのような「図解」本を書けないものかと願っていましたが、中学の美術の成績が2であった私の力ではまともな絵は描くことはできませんでした。あきらめていたところに、図解雑学シリーズからお話を頂き、渡りに船とばかりに喜んでお引き受けしました。私の下手な絵が、デザイナーやイラストレーターの方の力で素晴しく生まれ変わることになり、満足の行く本に仕上がったと自負しています。

本書の作成にあたり、原稿の整理を手伝ってくれた小俣優衣さんと、執筆を支えてくれた私の妻には大変お世話になりました。この場を借りて感謝したいと思います。

本書を通じて、楽しく魅力的なゲーム理論を知り、戦略的思考の技法を身につけて頂ければ幸いです。

渡辺隆裕

◎目次◎

第２章 ゲーム理論の基本ー同時ゲームと交互ゲーム

第３章 基本で読み解く ゲーム理論のキーワード

第5章 不確実性と情報をゲーム理論で考察する

第６章 大きく広がるゲーム理論－最新研究トピックス

第1章

なぜ今「ゲーム理論」が注目されているのか

ゲーム理論の偉大な功労者、ジョン・ナッシュ博士の半生を描いた映画『ビューティフル・マインド』のヒットもあって、一般の人たちにも「ゲーム理論」という言葉が浸透しつつあります。そして、この考えが浸透していくにつれて、さまざまな問題を解く非常に有効なツールとして用いられるようにもなってきました。ゲーム理論を簡単にいうと、「2人以上のプレイヤーの意思決定を分析する理論」となりますが、これだけではどういったことに使えるのかはわからないでしょう。具体的な分析については次章以降にゆずるとして、本章ではゲーム理論が誕生した背景、そしてどういった点が有効なのかを見ていくことにしましょう。ガイダンスのつもりで気楽に読んでください。

●この章のキーワード

ジョン・ナッシュ
フォン・ノイマン
モルゲンシュテルン
戦略的思考

ゲーム理論ブームが到来した？

●MBAを取った友人の言葉

「お前、確かゲーム理論が専門だったよな？」。1990年代の終わり頃、アメリカで経営学修士（MBA）を取得した大学時代の友人が、久しぶりに会った私に切り出した言葉でした。

「MBAではゲーム理論は重要だよ。ゲーム理論自体の講義も大盛況だし、経営戦略論《けいえいせんりゃくろん》や経営組織論《けいえいそしきろん》の中で大きな柱となっているしね。これからブームになるかもしれないな」。

当時は経済学の中でゲーム理論が大ブレイクし、「静かな革命」とまでいわれた頃でしたが、日本ではビジネスマンや一般向けのゲーム理論の本があまりありませんでした。彼は、一般向けの本の必要性を説きながら、日本にもやがて来るであろう「ゲーム理論ブーム」を予言していたのでした。

それから、ゲーム理論に関連する多くのキーワードが、世間一般で盛んに使われるようになりました。戦略的思考、インセンティブ契約と成果主義、銀行に対する公的資金投入とモラルハザード、マーケットのシグナル、交渉力、オークション…。ゲーム理論的思考は、それを意識せずに次第に日本に浸透してきました。ゲーム理論が一般に受け入れられる土台は整ったのです。

●ゲーム理論ブームの到来

2002年、ゲーム理論における功労者《こうろうしゃ》の１人である**ジョン・ナッシュ**博士の半生記を描いた映画『ビューティフル・マインド』がアカデミー賞を受賞しました。それと呼応するように2003年には、日本の書店で一般向けのゲーム理論の本が急増しました。彼の予言どおり「ゲーム理論ブーム」は到来しつつあるのかもしれません。

時代が求める“ゲーム理論”

近年のゲーム理論ブームまでの道のり

1994年 ゲーム理論による経済学の「静かな革命」
（神取道宏『現代の経済理論』東京大学出版会）

ゲーム理論家ナッシュ、ハルサニー、ゼルテンの３人がノーベル経済学賞を受賞

2002年 映画『ビューティフル・マインド』がアカデミー賞受賞

2003年 一般向けゲーム理論の本が多く出版される

身の回りのゲーム理論に関するキーワード

ゲーム理論で読み解けるキーワード

- 戦略的思考
- ロジカル・シンキング
- 成果主義とインセンティブ
- 公的資金投入とモラルハザード
- マーケットのシグナリング
- 囚人のジレンマ

- インセンティブ規制
- プリンシパル・エージェント理論
- リスク回避とリスクプレミアム
- 交渉力とバーゲニング
- ゼロサムゲーム
- スクリーニング
- 社会的ジレンマ

ゲーム理論とは何だろう

●2人以上の「プレイヤー」の意思決定を扱う理論

ゲーム理論は2人以上の**プレイヤー**の意思決定を分析する理論です。ここでいう「プレイヤー」とは、人間だけでなく、国家、企業、組織などさまざまな「意思決定の主体」を表わします。そして、市場・ビジネス・政治・国際関係・社会などあらゆる状況に対応します。このような状況は、「プレイヤー」がお互いに行動を読み合いながら、あたかも「ゲーム」をしているようだと考えられるので、このような名前が付けられています。

●経済学から生まれたゲーム理論

ゲーム理論は、そもそもは経済学から生まれた理論です。近年の経済学では、消費者や企業がたくさんいて、それら1つ1つの行動が全体に影響を及ぼさないような「完全《かんぜん》市場《しじょう》」を中心に理論が作られていました。しかし、現実には少数の企業や買い手が、お互いに戦略的思考をめぐらせながら、行動を決める場合も多々あり、このような枠組みを扱う統一的な理論が必要とされたのです。

このような状況の中で、1944年に数学者**フォン・ノイマン**と経済学者**モルゲンシュテルン**は**『ゲームの理論と経済行動』**というタイトルの本を出版し、複数の主体が意思決定を行う理論的な枠組みを提示しました。これがゲーム理論の始まりです。

大きな期待を集めたゲーム理論でしたが、現実の多くの問題を分析するためには、研究が不足していました。基礎理論が作られてから、それが使えるようになるまでには、どんな理論もかなりの時間を要するものですが、応用を急ぐ者たちからは「ゲーム理論は役に立たない」というレッテルを貼られてしまったようです。

ゲーム理論とは？

ゲーム理論 → 2人以上のプレイヤーの相互依存による意思決定を分析する理論

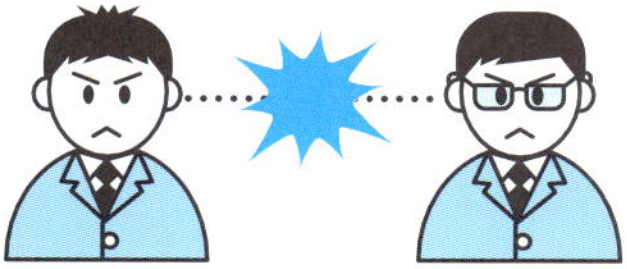

・**プレイヤーが「個人」の場合**
人間関係、夫婦関係、営業、恋愛、価格の交渉、就職・転職など

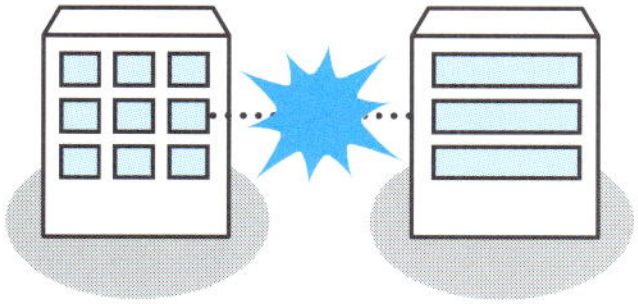

・**プレイヤーが「企業」の場合**
企業間競争と協力、交渉、M＆A、特許とR＆D、契約、入札、経営組織など

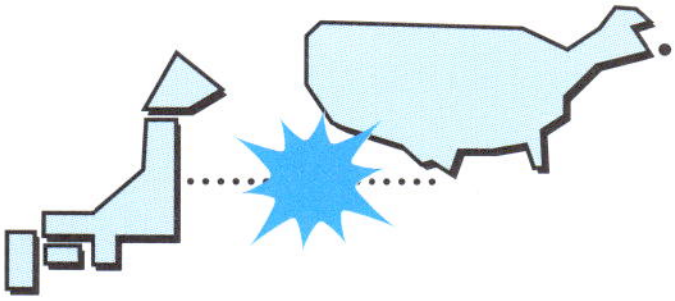

・**プレイヤーが「国家」の場合**
貿易交渉、通貨政策、軍備競争、環境問題と地球温暖化、戦争など

ゲーム理論の始まり

1944年のJ・フォン・ノイマンとO・モルゲンシュテルン著『ゲームの理論と経済行動』がゲーム理論の始まりである

学問分野でのゲーム理論の活躍

●80年代以降のゲーム理論の大ブレイク

応用を急ぐ者たちからは「役に立たない」とされたゲーム理論でしたが、ゲーム理論研究は数理経済学《すうりけいざいがく》やオペレーションズリサーチの研究者たちによって60年代や70年代に静かに進められました。80年代になると、ゲーム理論はその「一般理論」から、経済学の個別分野である産業組織論・国際経済学・契約と組織の理論などに応用され始め、その結果と問題点が一般理論にフィードバックされ、発展していきました。このようにして80年後半には多くの雑誌や学会でゲーム理論を使った論文が発表され、大きな波を迎えたのです。応用のためのさまざまなツールは半世紀近くの研究を経て整いました。94年には、初期のゲーム理論に貢献したナッシュ、ゼルテン、ハルサニーの３人にノーベル経済学が授与され、ゲーム理論はその地位を確固たるものにしました。

●あらゆる分野で用いられるゲーム理論

ゲーム理論は、どんな社会状況も「プレイヤーが合理的に戦略を選ぶ」というシンプルな枠組みで解くことができ、多くの問題が統一的に記述できます。このため近年では、経済学だけではなく、政治学・社会学・経営学・法学などのあらゆる社会科学に取り入れられつつあります。

このように学問の世界では、大ブレイクしたゲーム理論ですが、ビジネスや日常生活では、これから大きな波が訪れようとしているようです。なぜ、今、ゲーム理論のどのような点が注目されつつあるのでしょうか。具体的なゲーム理論を「図解」する前に、この点について考えてみることにしましょう。

ゲーム理論が活躍する学問分野

経済学
市場競争、産業組織論、公共経済学、組織と契約の経済、都市経済学、ファイナンス、労働、貿易、財務など

経営学
交渉、入札、企業組織、人的資源管理、投資、物流と市場調達など

社会学
社会的ジレンマ、環境問題、家族、都市、制度と慣習など

政治学
投票ルールの設計、政治家と官僚行動、投票行動、政党の協力と提案など

法学
和解と訴訟、法経済学など

応用数学
位相幾何学、確率論、組合せ理論など

情報科学
シミュレーション、マルチエージェント理論など

生物学
進化生物学、種の保存、共生、適応、動物社会学、遺伝など

この他にも、ゲーム理論はありとあらゆる分野で取り入れられているのだ

なぜ、今、ゲーム理論なのか？①

理論的に社会現象や経済現象を説明する

●ニュースの株式市場に対するコメント

いつの頃からか、毎日のニュースの終わりには、その日の株式市場の概況とコメントがつけられるようになりました。

「首相の所信表明演説《しょしんひょうめいえんぜつ》が、市場には景気回復の期待をもって受け入れられ、株は全面高の展開で…」と好況を伝えるニュースを聞いていた友人は、「きっと株が下がっていたら『首相の演説が、景気回復には結びつかないという落胆をもって迎えられ…』とかいうんだろうな」とつぶやきました。彼はニュースの「市場関係者のコメント」をあまり意味がないものと考えているようです。

●行き当たりばったりではない説明

その場の状況に応じて、もっともらしい説明をして、皆を納得させるのが上手な人は多く見かけます。ニュースのコメントや評論にはその類のものが多くあり、私たちは物事をよく理解した気になったりもします。しかし、このような説明は場当たり的になりがちです。バブルの頃は土地取引に対して「政府はなぜ規制しないのか」と文句をいっていた評論家や政治家が、不況の際に「もっと土地取引を自由にして市場原理が働くようにすべきだ」と節操《せっそう》のない発言をするのを見て、このような「行き当たりばったりの説明」にうんざりする人は増えているようです。

多くの社会現象や経済現象を、理論的に説明しようとするゲーム理論が注目されてきた背景には、人々がこのような「整合的《せいごうてき》」で「一貫性のある」説明を求めている、ということもあるのではないでしょうか。

整合性・一貫性

ニュースの株式市場のコメント

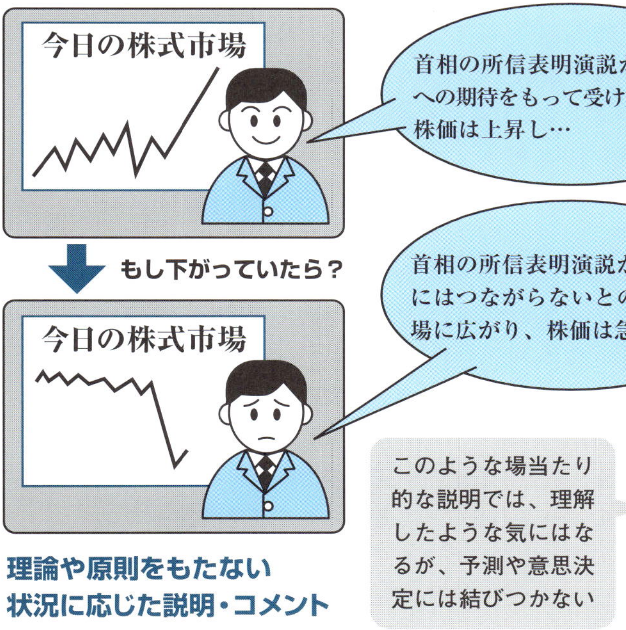

首相の所信表明演説が景気回復への期待をもって受け入れられ、株価は上昇し…

 もし下がっていたら？

にはつながらないとの観測が市場に広がり、株価は急落…

理論や原則をもたない
状況に応じた説明・コメント

このような場当たり的な説明では、理解したような気にはなるが、予測や意思決定には結びつかない

ゲーム理論 → 同じ理論で経済のさまざまな現象や社会、政治、日常生活などを捉える

ゲーム理論が注目されている理由の１つに、その「整合性」と「一貫性」を人々が求めている、ということがあげられる

なぜ、今、ゲーム理論なのか？②
少ない原理で多くの問題を解くことができる

●１次方程式の応用範囲

理論的に物事を説明するということは「整合性」や「一貫性」だけが、その長所ではありません。

突然ですが、「$40x=120$」という１次方程式で解ける問題を考えてみましょう。

「40円のりんごは120円で何個買えるか」

「時速40kmの車で120kmの道のりを走ると何時間かかるか」

「120ヘクタールの農地を40ヘクタールの土地に分割すると、何区画になるか」…など、

この１次方程式で解くことができる問題は数多くあります。１次方程式の解き方自体は簡単なものですが、その応用範囲は無限といっても良いでしょう。「基本は少なく、応用は無限」ということが、１次方程式という数学のもつ力や素晴らしさでもあります。

ゲーム理論の力も似たようなところがあるといえます。ゲーム理論の専門研究は高度な数学を用いて行われていますが（この本では難しい数学は一切出てきません！）、この理由の１つは、ゲーム理論が多くの現実を抽象化・一般化して捉え、少ない原理で多くの問題が解けることを目指しているからです。

●数学を背景としたゲーム理論の実力

この本においても、第２章にある基本的なゲーム理論の原理さえ理解すれば、第３章、第４章の多くの例や問題が解けるように構成しています。「覚える原理は少なく、応用は多く」というゲーム理論の素晴らしさを本書でも実感していただければ幸いです。

原理は少なく、応用は多く

1次方程式の応用範囲

1次方程式を解くこと自体は数学だが、応用は日常生活、科学、経済など、あらゆる分野に用いられる

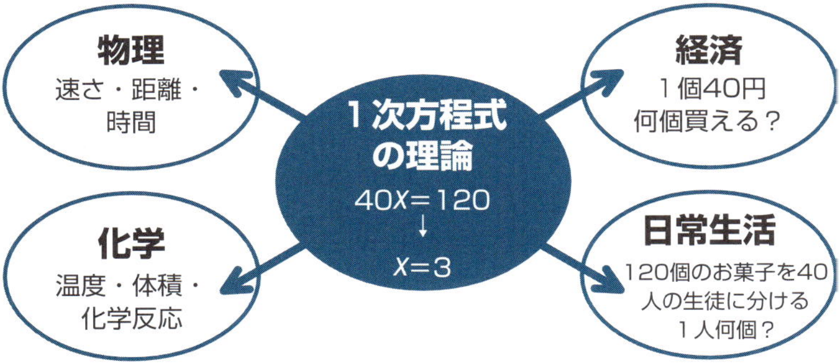

ゲーム理論の応用範囲

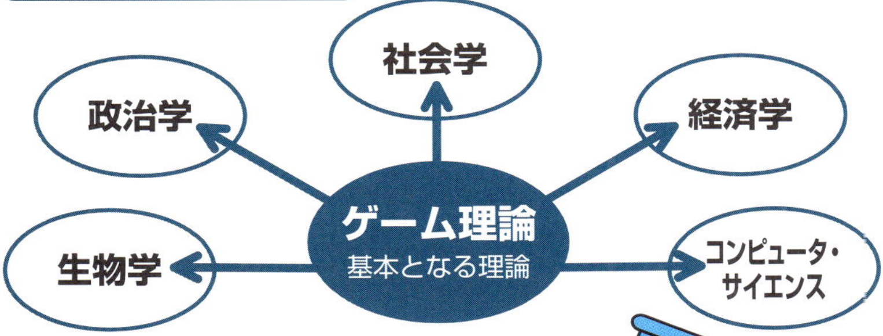

なぜ、今、ゲーム理論なのか？③

合理主義・個人主義を学ぶ

●全体主義から個人主義へ

しばらく前の日本の企業研修においては、個人のモチベーションを引き出すには、「皆で一緒に会社のために頑張ろう」という連帯感や一体感を前面に出す方法が主流でした。現在はこのような全体《ぜんたい》主義《しゅぎ》的方法は少なくなり、「働くことがいかにして、自分の利益や目的に結びつくか」を考えさせる方法に変わっています。もちろん、ここでの「個人の利益」とはお金や報酬だけを指すのではなく、達成感や自己実現などの内面的・精神的な利益や目的も重要となります。日本の社会において、個人主義的な側面から社会や組織を考える必要性や要望が高まってきているのです。

●個人が自律的に行動する社会

ゲーム理論における個人は、自分の好みや意思をしっかりともち、自分の目的に照らし合わせて最良の方法を考えて行動するような「合理的な人間」が想定されています。相手に簡単に同感して協調したり、騙《だま》されたりするような人間ではありません。

現実の人間や社会は、そのような合理主義・個人主義によってすべてが動いていないことは、誰しもわかっています。しかしこのような考え方は、個人主義的傾向が強まる現代の日本で、私たちが個人と社会をどのように考えていくべきか、安易な同調ではなく自律した個人が自分の興味に従っても成立する社会をどのように作っていくのか…などの問いを考える大きな指針となります。これも、ゲーム理論が興味をもたれる理由の１つなのでしょう。

個人主義傾向の強まり

全体主義傾向の強かった日本

個人の嗜好《しこう》や利害を、組織の目標に一体化させるには、どのように教育すればよいか、という社会心理学的アプローチ

個人主義傾向が強まる中での組織作り

個人は好みや利害を、それぞれにもっている。
個人それぞれの「インセンティブ」を、契約やルールで、いかに組織の目標に近づけるか、というゲーム理論的アプローチ

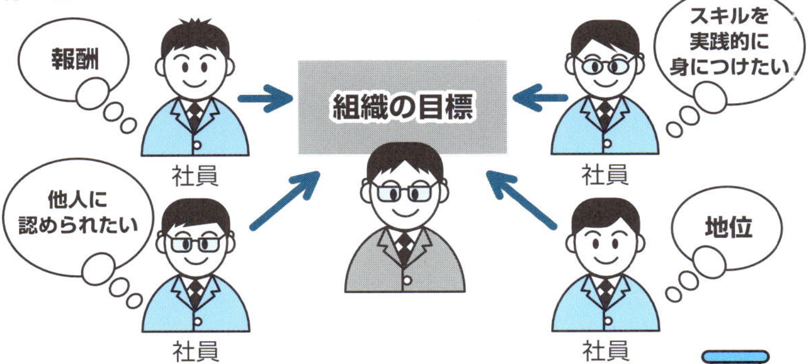

日本社会の変化とともに、合理主義・個人主義を前提とするゲーム理論が注目を集めるようになったのである

なぜ、今、ゲーム理論なのか？④

国際化社会・異文化交流における説明のツール

●日本式経営の良さが理解されるまで

日本経済の低迷とともに今や評価の落ちた感がある「日本式経営」ですが、少し前は世界の範とされ、多くの海外企業が取り入れたものでした。しかし、さらにそれ以前は、やはり非合理で非効率なものとして、世界から見られていた時代もあったのです。

日本式経営は、昔の日本から見れば経験や勘によって培われたもので、その良さは「和を大切にする」とか「団結こそが力」とか、当時の日本人にしか理解できない言葉で語られていました。「長期的関係を重視した終身《しゅうしん》雇用《こよう》や年功序列《ねんこうじょれつ》」「組織力の重視」など、西欧的な合理性や効率性の上でも理解できるようなキーワードや考え方に「翻訳」されて、初めて世界の人々はその良さを理解し、取り入れていったのではないでしょうか。

●世界のビジネスマンが使う共通のキーワード

現代の私たちの生活やビジネスでは、人種や世代など文化の異なる人たちとコミュニケーションをしなければならない機会が多くなってきました。「そのようにしたらうまくいった」「そのようにずっとやってきた」などの経験や勘を伝えるだけでは説明不足です。

ゲーム理論は、先に述べたような西欧的な合理主義を背景にしており、考え方や文化を、合理性や個人主義に立脚した考え方に翻訳して、伝えるために役立ちます。ゲーム理論で用いられる多くのキーワード、たとえば、インセンティブ、モラルハザード、リスクといった言葉は、今や世界のビジネスマンが使う共通のキーワードなのです。

グローバル化時代の要請

「日本的経営」の変遷

非効率・非合理なものとして見られる → 日本経済の成功の鍵として、諸外国に取り入れられる → 日本経済低迷の一因？

なぜ見方が変わったのか？

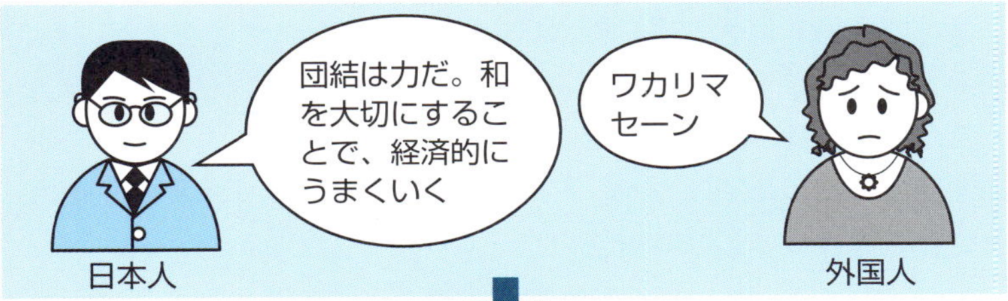

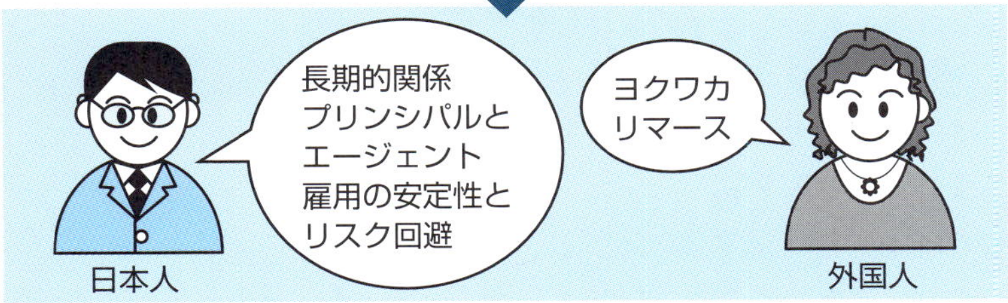

・ゲーム理論の考え方 **・ゲーム理論のキーワード**	**＝**	**・世界共通の考え方** **・ビジネス共通のキーワード**

ここにもゲーム理論が注目を集める理由があるのだ

なぜ、今、ゲーム理論なのか？⑤

相手の出方を考える戦略的思考

●日常生活では相手の行動を考えているか

将棋や麻雀などの「ゲーム」で相手の手を読むことは、誰もが行っています。しかし、日常生活や会社のプロジェクト、政府や自治体の政策では、どうでしょうか。

放置自転車をなくすために駅前に駐輪場を作ったが、駅から遠いのでほとんど利用されず､相変わらず駅前に自転車が置かれている。ある会社のヒット商品を真似て、商品を売り出したが、多くのライバル他社が類似商品を売り出したのでとも倒れになった。授業の出席を最後に取るようにしたら、残り10分で教室に入ってくる生徒が多数いる。

「相手が自分の思っていたとおりに行動しない」という場合は、相手のモラルに対する態度に問題がある場合も多いものです。しかし、モラルが低いと嘆くだけでは問題は解決しません。自分以外の人間の行動を客観的に見ずに、自分の都合の良いように推測してはいないでしょうか。

●ゲームと考えて冷静に見つめる

トランプや麻雀で相手がブラフや引っ掛けをしても、モラルが低いという人はいないはずです。身の回りのさまざまな現象を「ゲーム」として捉えることは、相手の出方を冷静に考えるという戦略的思考を明確にするために役立ちます。ゲーム理論の中には当たり前の話も多く出てきますが、頭を冷やして、相手の出方を見るためにゲーム理論は格好の道具となるのです。

相手の行動を読む

大学の講義と出席

ゲーム理論と戦略的思考

相手の出方を考えるための手段

↓

状況を「ゲーム」ととらえて、客観的・論理的に判断

なぜ、今、ゲーム理論なのか？⑥
社会科学と自然科学の違い

●統計学とゲーム理論の違い

ゲーム理論は社会科学に数学を用いることから、「統計学と同じようなもの？」とよく聞かれます。統計学では過去のデータが未来に当てはまると考えますが、ゲーム理論は自分の意思決定の影響で、相手の過去の行動が変わると考えます。極端にいえば、ゲーム理論では過去のデータは未来に当てはまらないと考えます。

●自然科学にはない新しい考え方

惑星の運動などの自然現象と異なり、社会や経済では予測の結果や自分の行動が、予測対象やそれを取り巻く環境に影響を与え、過去のデータを変えてしまいます。「帰省の渋滞を予測し発表したところ、その混雑日を避けて皆が帰省したため、その日は結局渋滞しなかった」「与党圧勝の選挙結果の予測で有権者《ゆうけんしゃ》のバランス感覚が働いて、予想より野党が躍進《やくしん》した」などがその例です。

自分の意思決定や行動が、相手にどう影響を与えるのかを織り込んで、予測をしたり意思決定をしたりするという考え方は、ゲーム理論の考え方の核となる部分なのです。

このような考え方は、自然科学にはない新しい考え方であり、ゲーム理論が注目される理由の１つと考えられます。

＊

以上、ゲーム理論の簡単な歴史と、なぜ注目されているのかについて見てきました。序説はこのくらいにして、ゲーム理論とはどんな理論なのか、さっそく見ていくことにしましょう。

自然科学にはない新しい考え方

過去のデータに基づいて
予測を発表

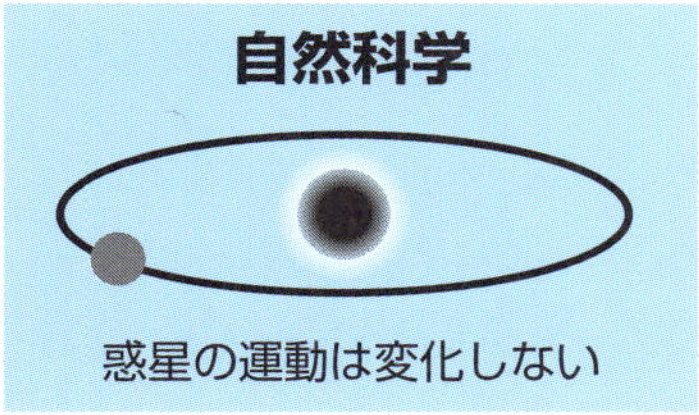
自然科学
惑星の運動は変化しない

社会科学
渋滞の予測日は変化する

過去のデータがそのまま当てはまらない

株の暴落日を予測して発表	➡	暴落前にみんなが売るので、予測日以前に暴落
選挙で与党圧勝を予測して発表	➡	有権者のバランス感覚が働いて与党は苦戦
授業の終わりに入ってくる学生が多いので、授業の最初に出席を取る	➡	出席を取り終わったら、教室を抜け出す生徒が増加

ゲーム理論の考え方は、自然科学にはなかった新しい考え方で、社会科学を解き明かすのに適した理論なのである

COLUMN

フォン・ノイマンの業績

20世紀最大の天才といえば皆さんは誰を挙げるでしょうか。相対性理論を発見したアインシュタインでしょうか。私ならば、ゲーム理論の創始者の一人であるフォン・ノイマンを挙げます。

フォン・ノイマンは、1903年にハンガリーに生まれました。若い頃から、その才能を発揮し多数の業績を挙げましたが、ナチスからの迫害を逃れる意味もあって1930年にアメリカに渡ります。その後生涯をアメリカで過ごすことになり、1957年に亡くなりました。

フォン・ノイマンは、「計算の手順」である「プログラム」と「データ」を同じ「メモリ」に格納して、プログラムの計算手順を１つずつ実行すれば計算ができる、という現在のコンピュータの概念を作った者として良く知られています。このことからフォン・ノイマンは「コンピュータの父」と呼ばれ、現在のコンピュータを「ノイマン型コンピュータ」と呼んだりします。もっとも、これらの概念は当時の多くのアイディアを組合せたもので、誰が「コンピュータの父」であるかはよく論争になるところでもありますが。

またフォン・ノイマンは、物理学の量子力学においても大きな業績を残しました。量子力学理論の数学的基礎を与え、「量子力学の数学的基礎」という本を著しました。彼が選んだ方法は、観測対象と観測者を分離して記述すべきかどうかという「観測問題」について、「分離できない」とする方向から接近したもので、この点でも興味あるものになっています。

数学では、数学基礎論や集合論と呼ばれる理論に大きく貢献しました。できるだけ少ないルール（公理）で、現在の数学の定理をすべて導くことができるような、必要最小限のルールは何かを、明らかにするような研究に挑んだりもしました。

多岐に渡るフォン・ノイマンの業績は「統一した少ない原理（公理）から、決められた手順（プログラム）で解答を導ける理論を作る」という点で共通しています。ゲーム理論も、このような方向性に沿って作られています。本書を通じそれを感じていただければと思います。

ゲーム理論の基本ー

第2章

同時ゲームと交互ゲーム

ここではゲーム理論の基本となる同時ゲームと交互ゲームについて、解説を進めていきます。同時ゲームとはジャンケンとか公共工事の入札など相手の行動を知らずに自分の行動を選択するゲームのことをいい、交互ゲームとは将棋やチェスなど自分の前に行動した相手がどのような選択をしたかがわかるゲームのことをいいます。これらのゲームがどのような性質をもっているのか、そしてゲームに勝つにはどのような戦略が必要なのか、を具体例を使って解説していきます。ゲームに勝つための方策を利得行列という表を使って考察していくのですが、途中でつかえることのないようにできるだけやさしく解説しましたから1つ1つ考えながら読み進めてください。

●この章のキーワード

同時ゲーム
交互ゲーム
プレイヤー
戦略
利得
利得行列
支配戦略
ナッシュ均衡
混合戦略
ゲームの木

同時ゲームか、交互ゲームか

●ゲーム理論の基礎となる2種類のゲーム

ゲーム理論には多くの理論があり、その分類を行うだけでもかなりのページを割かなければなりません。そこでひとまずこの章では、ゲーム理論を**同時ゲーム**と**交互ゲーム**という２種類のゲームに分けて話を進めていきます。

●他のプレイヤーのそれまでの行動がわかるかどうか

ゲームをするすべてのプレイヤーが同時に行動するゲームを同時ゲーム、各プレイヤーが順番に行動するゲームを交互ゲームといいます。典型的な例では、じゃんけんが同時ゲーム、チェスや将棋などは交互ゲームです。

交互ゲームは、プレイヤーが順番に行動するというよりは、むしろ、自分の前に行動した他のプレイヤーの選択がすべてわかることが重要です。２人でじゃんけんをするときに、１人がグー・チョキ・パーのどれかを紙に書いて相手に見えないように封筒にしまい、その後にもう１人がグー・チョキ・パーのどれであるかを宣言し、封筒を開けて勝負を決めるような方法を考えてみましょう。この方法は、普通の同時に行うじゃんけんと変わりはありません（手間はかかりますが）。このように、それ以前に行動した相手の行動がすべてわからないときは、たとえ順番に行動したとしても、同時ゲームです。

一般には、前に行動したすべてのプレイヤーの選択はわからないが、一部がわかるような、同時ゲームと交互ゲームの合成された形のものもあります。

各ゲームの具体例

同時ゲーム

相手の行動を知らずに、自分の行動を選択

グー　チョキ　パー

じゃんけん

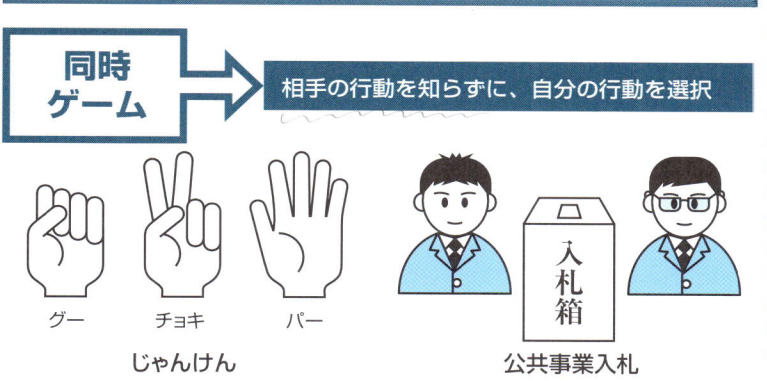

公共事業入札

交互ゲーム

自分の前に行動した相手が、どのような行動をしたかがすべて分かる

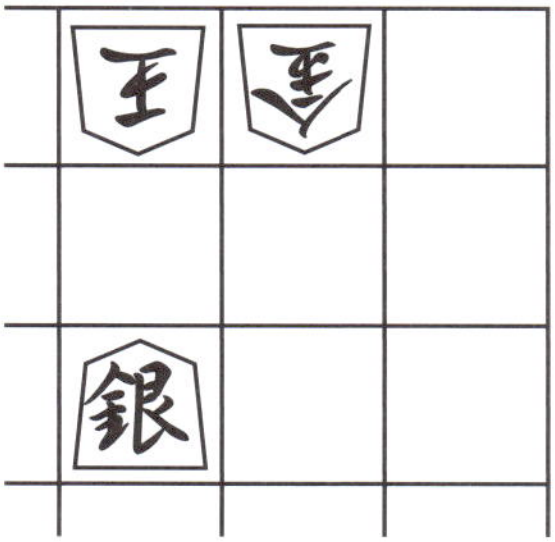

将棋やチェス

セリ・公開オークション

同時ゲームを構成する3つの要素

●同時ゲームで大切な3要素

ゲーム理論のもっとも基本的な形は同時ゲームです。この同時ゲームを構成する3つの要素は、**プレイヤー、戦略《せんりゃく》、利得《りとく》**です。同時ゲームでは、まずこれらが何かをしっかりと見定めなければなりません。

●プレイヤー＝主体、戦略＝行動、利得＝利益

プレイヤーとは、ゲームをする主体のことです。じゃんけんや将棋のプレイヤーは個人ですが、価格競争の場合は企業、外交戦略の場合は国家など、問題に応じてプレイヤーは変わります。

戦略とは、同時ゲームでプレイヤーが選択できる行動のことです。たとえば、じゃんけんの場合は、グー・チョキ・パーの3つが戦略です。また、企業の価格競争の場合には、価格そのものが戦略となります。

利得とは、プレイヤーが各戦略を選んだとき、その結果が各プレイヤーに与える利益や便益《べんえき》を数値で表わしたものです。たとえば、じゃんけんでは、勝者の利得を1、敗者の利得を－1、引き分けを0で表わします。企業の価格競争の場合は、企業の利潤を利得と考えます。

●利得は正確な数値ではないこともある

国家の外交戦略、恋愛における男女の駆け引きのように、プレイヤーの利得を数値で表わすことが難しい場合もあります。しかし、多くのゲームでは利得を正確に数値で測らなくとも、結果が好ましい順に大きな数字を割り当てれば十分です。

同時ゲームの3要素

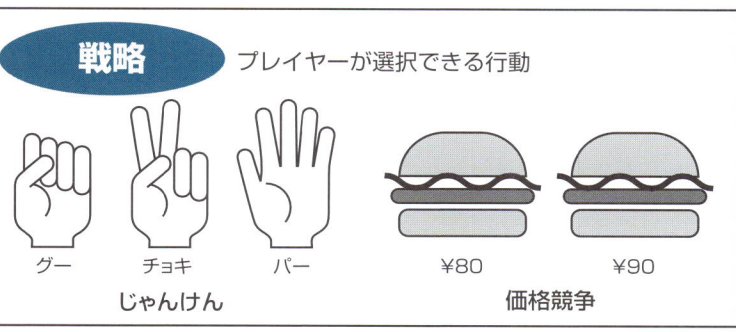

プレイヤー ゲームをする主体・意思決定者

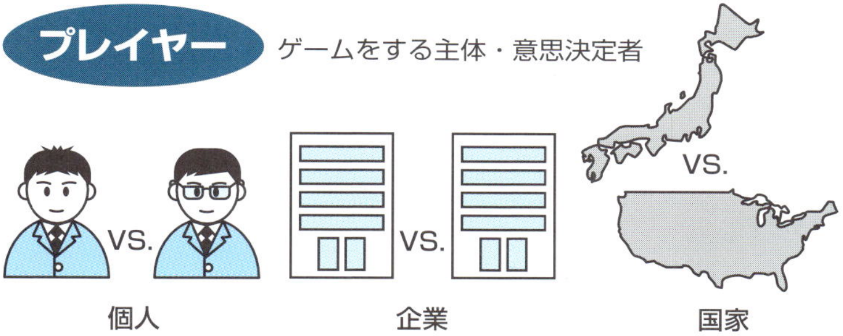

戦略 プレイヤーが選択できる行動

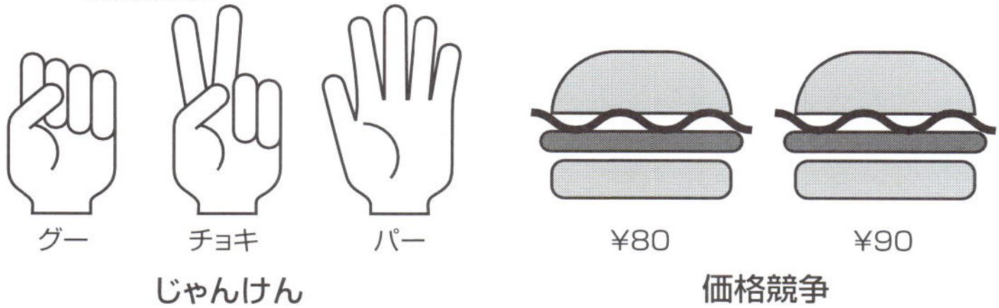

利得 ゲームの結果（プレイヤーが選択した戦略の組み合わせ）が各プレイヤーに与える利益

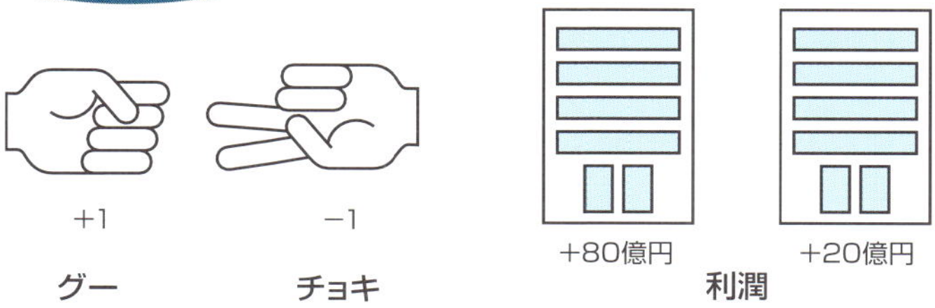

同時ゲームの例①
文秋vs.新朝PART1－特集記事競争

●もっとも基本的なゲーム－２人同時ゲーム

同時ゲームのもっとも基本的なものは、プレイヤーが２人で戦略が２つの同時ゲームで、**２×２ゲーム**と呼ばれます。以下、２つの週刊誌の特集記事競争を例にとり、２×２ゲームを考察してゆくことにしましょう。

●どちらの特集を組むべきか？

駅売りの週刊誌「週刊文秋」と「週刊新朝」は、毎週１つの大きな特集記事を組み、電車の中吊りで大々的な広告を打ち、読者を獲得しています。今週は大きな特集が２つ考えられています。１つは「Ｓ議員に新たな疑惑」で、もう１つはいよいよ本格的に囁《ささや》かれるようになった「今月の金融不安説は現実化するか。つぶれる金融機関はどこか」です。

毎週、特集記事に応じてどちらか興味のある週刊誌を１冊だけ必ず買う読者が100万人いると推定されており、２つの週刊誌は毎週読者を取り合って競争しています。このうち今週は70万人が「議員疑惑」の記事に興味をもっていて、残りの30万人は「金融不安説」の記事に興味をもっているとしましょう。もし２つの週刊誌が違う特集を組めば、興味をもっている読者はすべて獲得でき、同じ特集を組めば興味をもっている読者を半々に獲得できるものとします。

両週刊誌は、同じ日に発売され、広告も同時に出すため、相手の特集を知らずに自分の特集記事を決めなければなりません。両週刊誌は、どちらの特集を組めばよいでしょうか。

どっちの特集を組めばいいか？

週刊文秋 VS. 週刊新朝　特集記事競争

興味のある読者

70万人

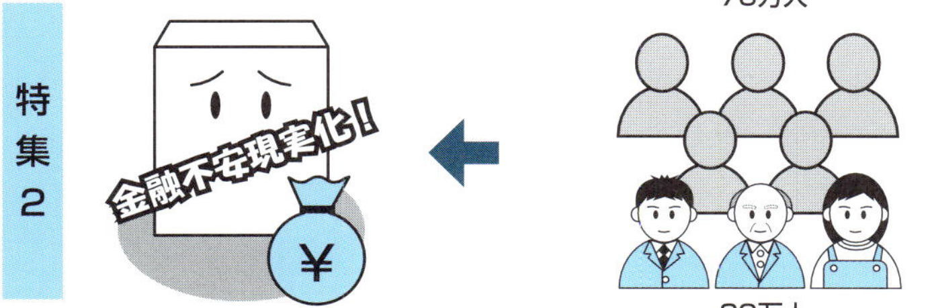

30万人

別々の特集 ➡ 興味のある読者をすべて獲得
同じ特集 ➡ 興味のある読者を半分ずつ獲得

利得行列を書いて分析しよう

●特集記事競争における3要素

前項の例は、同時ゲームの典型的なモデルです。この同時ゲームを構成する3要素は以下のようになります。

①プレイヤー：「週刊文秋」と「週刊新朝」。
（以下、「文秋」と「新朝」と省略します）

②戦略：どちらのプレイヤーも「議員疑惑」と「金融不安説」の特集記事のどちらを選択すべきかという2つの戦略をもっています。
（以下、「疑惑」と「金融」と省略します）

③利得：ここでは獲得した読者を利得と考えます。たとえば、文秋が「疑惑」という戦略を、新朝が「金融」という戦略を、それぞれ選択したとします。この場合、文秋の利得は70、新朝の利得は30となります（以下、利得の単位「万人」は省略します）。

●利得行列＝早見表

以上の3要素を簡単に表現する方法に**利《り》得《とく》行《ぎょう》列《れつ》**と呼ばれるものがあります。上記の例を利得行列で表現したものが、右ページにあります。

利得行列では、文秋は「疑惑」か「金融」かの横の2行のうち1つを選択します。同時に、新朝は「疑惑」か「金融」かの縦の2列のうち1つを選択します。2人のプレイヤーが選択した行と列の交わったところがゲームの結果で、カッコ内の2つの数値は2人のプレイヤーの利得を表わしています。左側が文秋の利得で、右側が新朝の利得です。

利得行列とは？

利得行列 → 同時ゲームの3要素（プレイヤー、戦略、利得）をわかりやすく表わしたもの

新朝は「疑惑」か「金融」かの列を選択

文秋は「疑惑」か「金融」かの行を選択

文秋＼新朝	疑惑	金融
疑惑	（35, 35）	（70, 30）
金融	（30, 70）	（15, 15）

左側には文秋の利得　右側には新朝の利得

たとえば、文秋が「疑惑」、新朝が「金融」という戦略を選択すると・・・

新朝が「金融」を選択

文秋が「疑惑」を選択

文秋＼新朝	疑惑	金融
疑惑	（35, 35）	（70, 30）
金融	（30, 70）	（15, 15）

結果は・・・
文秋の利得70
新朝の利得30

絶対優位な戦略「支配戦略」を探せ

●相手の行動をシミュレーションする

利得行列が書けたところで、次はゲームの結果がどうなるかを考えてみましょう。

同時ゲームを解くためには、

思考法①：各プレイヤーの立場になって考える。

思考法②：各プレイヤーの立場では、そのプレイヤー以外のあらゆる行動を頭でシミュレーション（思考実験）し、各行動に応じて良い戦略を探す。

という２つの思考法を実行する必要があります。そこで、この思考法に立脚して、考えてみましょう。まず思考法①に従い、自分が「文秋」の立場になります。そして思考法②に従い、「新朝」のあらゆる行動を思考実験して、どの戦略が良いかを考えてみましょう（右図参照）。

相手（新朝）が「疑惑」を選択したと想定すると、自分（文秋）は「疑惑」を選択する（利得35）ほうが「金融」を選択する（利得30）よりも良い選択となります。今度は相手が「金融」を選択したと想定すると、自分はやはり「疑惑」を選択する（利得70）ほうが「金融」を選択する（利得15）よりも良い選択となります。

●支配戦略＝相手の戦略に関わらず、自分に優位な戦略

結果、相手（新朝）がどの戦略を選択しても、自分にとって「疑惑」を選択したほうが、「金融」を選択するより絶対的に優位になります。このような、相手のどんな戦略に対しても、自分の他の戦略より絶対に良い戦略を、（自分の）**支配戦略**と呼びます。

支配戦略を導く

思考法①：各プレイヤーの立場に立つ

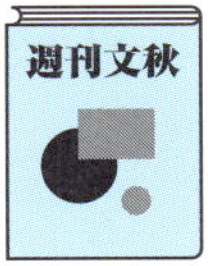

文秋の立場になって考えてみよう！

思考法②：相手（新朝）の行動をシミュレーションし、相手のあらゆる行動に対して、それぞれ良い戦略を考える

新朝が「疑惑」を選択すると？

文秋＼新朝	疑惑	金融
疑惑	(35, 35)	(70, 30)
金融	(30, 70)	(15, 15)

「疑惑」を選ぶと利得35 → 疑惑

「金融」を選ぶと利得30 → 金融

この場合は「疑惑」を選ぶほうが良い！

新朝が「金融」を選択すると？

文秋＼新朝	疑惑	金融
疑惑	(35, 35)	(70, 30)
金融	(30, 70)	(15, 15)

「疑惑」を選ぶと利得70 → 疑惑

「金融」を選ぶと利得15 → 金融

やはり「疑惑」を選ぶほうが良い！

支配戦略 ⇒ 相手がどの戦略を選択しても、自分にとって常に良い戦略、すなわち絶対優位な戦略

ゲームの結果＝ゲームの解

●お互いに支配戦略があるときは、お互いにその戦略を選ぶ

文秋にとって「疑惑」という戦略は、相手がどんな戦略をとっても、他のどの戦略より絶対優位な戦略、すなわち支配戦略であることがわかりました。このような支配戦略があれば、プレイヤーはその戦略を選択すると考えられます。

●新朝の立場から考えると

今度は前項の思考法①に従い、自分が「新朝」の立場になります。そして、思考法②に従い相手（文秋）のあらゆる行動を想定し、どの戦略が良いか考えます。文秋が「疑惑」を選択したと想定すると、新朝は「疑惑」を選択する（利得35）ほうが「金融」を選択する（利得30）よりも良い選択となります。文秋が「金融」を選択したと想定しても、やはり新朝は「疑惑」を選択する（利得70）ほうが「金融」を選択する（利得15）よりも良い選択となります。

したがって、新朝にとっても「疑惑」が支配戦略であることがわかります。両者は全く対称ですから、当然の結果といえるでしょう。このように、すべてのプレイヤーの選択する戦略が明らかになったとき、その戦略の組み合わせを**ゲームの解《かい》**といいます。このゲームでは、「両週刊誌が『議員疑惑』の記事を特集すること」が、ゲームの解となります。

これまでの言葉を使ってまとめると同時ゲームでは、

原則①：支配戦略をもつプレイヤーは、その戦略を選択する。

原則②：すべてのプレイヤーに支配戦略があるときは、すべてのプレイヤーがその支配戦略を選択した組み合わせがゲームの解となる。

となります。

逆の立場になって考えてみる

次に新朝の立場になって考えてみよう！

相手（文秋）の行動をシミュレーションし、各行動に対して、良い戦略を考える。

文秋が「疑惑」を選択すると？

「金融」を選ぶと利得30

「疑惑」を選ぶと利得35

この場合は「疑惑」を選ぶほうが良い！

文秋＼新朝	疑惑	金融
疑惑	(35, 35)	(70, 30)
金融	(30, 70)	(15, 15)

文秋が「金融」を選択すると？

「金融」を選ぶと利得15

「疑惑」を選ぶと利得70

やはり「疑惑」を選んだほうが良い！

文秋＼新朝	疑惑	金融
疑惑	(35, 35)	(70, 30)
金融	(30, 70)	(15, 15)

文秋同様、新朝にとっても「疑惑」が支配戦略となる

↓

お互いが支配戦略を選んだ組み合わせがゲームの解となる

win・win

同時ゲームの例②
サンペイ君とルイス君

●金貨拾いゲーム

双方に支配戦略があるときの結果は自明《じめい》かもしれません。そこで、次の例を考えてみましょう。

●どちらがボタンを押しに行く？

運動神経の鈍いサンペイ君は、快足《かいそく》機敏《きびん》なルイス君とＴＶのバラエティ番組のゲームに出場しています。２人は広い会場の一方の端にいます。はるか離れたもう一方の端には金貨を出すボタンがあり、それを押すと彼らの今いる場所に50枚の金貨が撒《ま》かれます。２人は金貨も欲しいのですが、できる限り動きたくもないのです。ここで金貨を利得と考え、ボタンを押しに行くことは、金貨10枚分の苦痛（損失）があるとしましょう。

ボタンを押さなければ金貨は出てきません（利得０）。２人がボタンを押しに行き、同時に帰ってくると、脚の速いルイス君はコインを全部拾ってしまいます。サンペイ君は金貨10枚分の苦労のみなので利得は－10、ルイス君は50枚の金貨に10枚分の苦労があるので利得は40です。ルイス君だけがボタンを押しに行くと、ルイス君が帰ってくるまでの間、サンペイ君は30枚分だけ金貨を拾うことができます。この場合、サンペイ君の利得は30、ルイス君は20枚分の金貨を拾い、ボタンを押しに行く10枚分の損を引いて利得は10です。サンペイ君だけがボタンを押しに行くと、サンペイ君の利得は－10、ルイス君の利得は50です。

以上の要素を利得行列で表わすと右ページの下のようになります。この同時ゲームのゲームの解について考えてみましょう。

どちらがボタンを押しに行く？

2人ともボタンを押さないと、何も出ない（双方利得0）

2人でボタンを押すと、ルイス君がすべての金貨を拾う
（サンペイ－10、ルイス＋40）

ルイス君がボタンを押すと、サンペイ君は30枚金貨を拾い、
ルイス君は20枚金貨を拾う（サンペイ＋30、ルイス＋10）

サンペイ君がボタンを押すと、ルイス君がすべての金貨を拾う
（サンペイ－10、ルイス＋50）

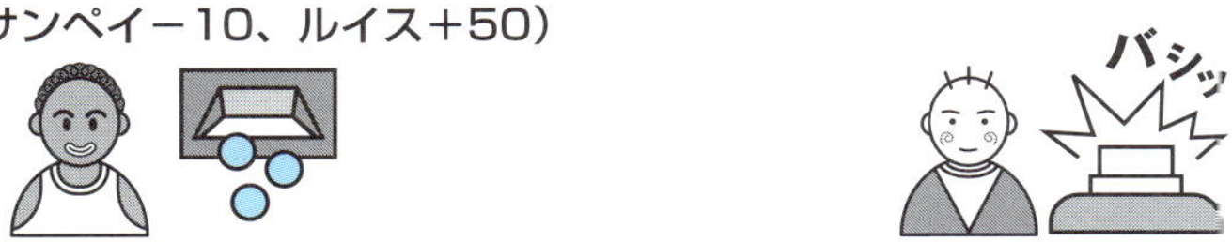

●サンペイ君とルイス君の利得行列

サンペイ＼ルイス	待つ	ボタン
待つ	(0, 0)	(30, 10)
ボタン	(－10, 50)	(－10, 40)

どちらか一方だけに支配戦略があるときは？

●サンペイ君だけに支配戦略がある

42ページの思考法①に従って、サンペイ君の立場で考えてみます。思考法②に従い、相手（ルイス君）のすべての戦略を想定して、その戦略ごとに良い戦略を考えましょう。サンペイ君にとっては、相手が「待つ」場合には、自分は「待つ」ことが良い戦略です。相手が「ボタン」を押す場合も、自分は「待つ」ことが良い戦略です。これより、サンペイ君にとっては「待つ」ことが、絶対優位な支配戦略であることがわかります。サンペイ君は、「ボタン」を押さずに「待つ」ほうが良い選択です。

●ルイス君に支配戦略はあるか？

次にルイス君の立場で考えましょう。ルイス君にとっては、相手（サンペイ君）が「待つ」場合には、自分は「ボタン」を押しに行くことが良い戦略です。一方、相手が「ボタン」を押す場合には、自分は「待つ」ことが良い戦略です。ルイス君の良い戦略は、サンペイ君の取る戦略によって変わってきます。つまり、ルイス君には絶対優位な戦略＝支配戦略はありません。この場合はどう考えれば良いでしょう？

このときは、思考法①の「相手の立場になって考える」をルイス君の立場でもう一度実践します。ルイス君がサンペイ君の立場になり、サンペイ君の考えを読めば、サンペイ君が絶対優位な「待つ」という支配戦略を選ぶことがわかるでしょう。こう考えると、ルイス君はサンペイ君の「待つ」戦略に対して良い戦略である「ボタン」を選択することが良いとわかります。かくして、ルイス君は「ボタン」を選択することが良い戦略とわかります。

相手が支配戦略を選んだ場合を想定する

サンペイ君の立場で考える

ルイス君が「待つ」を選ぶと？

サンペイ＼ルイス	待つ	ボタン
待つ	(0, 0)	(30, 10)
ボタン	(−10, 50)	(−10, 40)

サンペイ君は「待つ」が良い戦略

ルイス君が「ボタン」を選ぶと？

サンペイ＼ルイス	待つ	ボタン
待つ	(0, 0)	(30, 10)
ボタン	(−10, 50)	(−10, 40)

サンペイ君は「待つ」が良い戦略

サンペイ君は「待つ」が支配戦略

ルイス君の立場で考える

サンペイ君が「待つ」を選ぶと？

サンペイ＼ルイス	待つ	ボタン
待つ	(0, 0)	(30, 10)
ボタン	(−10, 50)	(−10, 40)

ルイス君は「ボタン」が良い戦略

サンペイ君が「ボタン」を選ぶと？

サンペイ＼ルイス	待つ	ボタン
待つ	(0, 0)	(30, 10)
ボタン	(−10, 50)	(−10, 40)

ルイス君は「待つ」が良い戦略

ルイス君の良い戦略は、サンペイ君の選ぶ戦略によって変わる

しかし、サンペイ君が支配戦略を
選択することを読めば…
➡ルイス君は「ボタン」が良い戦略

誰の立場でゲームを考えるか

●相手の支配戦略に対する最良の戦略を選択する

前項の考え方をまとめると、

原則③：一方のプレイヤーに支配戦略が存在して、他方にないときは、支配戦略のあるプレイヤーはその戦略を、もう一方のプレイヤーは、相手の支配戦略に対して１番良い戦略を選択する。

となります。サンペイ君は待ち、ルイス君がボタンを押しに行くことが、サンペイ君とルイス君のゲームの解なのです。

ここで注目すべき点は、運動神経の鈍いサンペイ君が、快足機敏なルイス君よりも得をしていることです。ルイス君はサンペイ君を助けようとしてボタンを押しに行くわけではありません。サンペイ君にとっては「待つ」ことが絶対的に良いので、これをルイス君が理解すれば、ルイス君は自分のためにしぶしぶボタンを押しに行かなければならなくなります。このような考え方を利用すれば、自分が弱者のときに、強者に対して有利に立てる可能性があり、ビジネスや普段の生活に応用できそうです。これについては次の章で詳しく考察します。

●自分がプレイヤーでも第3者の立場で考える

このようにゲーム理論では、両プレイヤーのゲームの結果（ゲームの解）がどうなるかを求めます。これまでの視点は、ゲームを観察する第３者の視点でしたが、たとえ自分がゲームのプレイヤーであってもこのように考えるべきです。自分の打つ手だけを考えず、相手の立場や第３者の視点で状況を客観的に観察することは、戦略的思考における重要なポイントです。

第3者の視点が大切！

サンペイ君の頭の中を考える

自分に絶対優位な支配戦略がない場合

↓

相手に支配戦略がないか考える

↓

相手に支配戦略があれば、
相手はそれを選択する

↓

相手の支配戦略に対する、
自分の最適な戦略を選択する

ゲーム理論の思考

- 自分にとって最適な戦略を考える
- 相手の最良な戦略も考える
- 第3者の立場でゲームの結果を考える

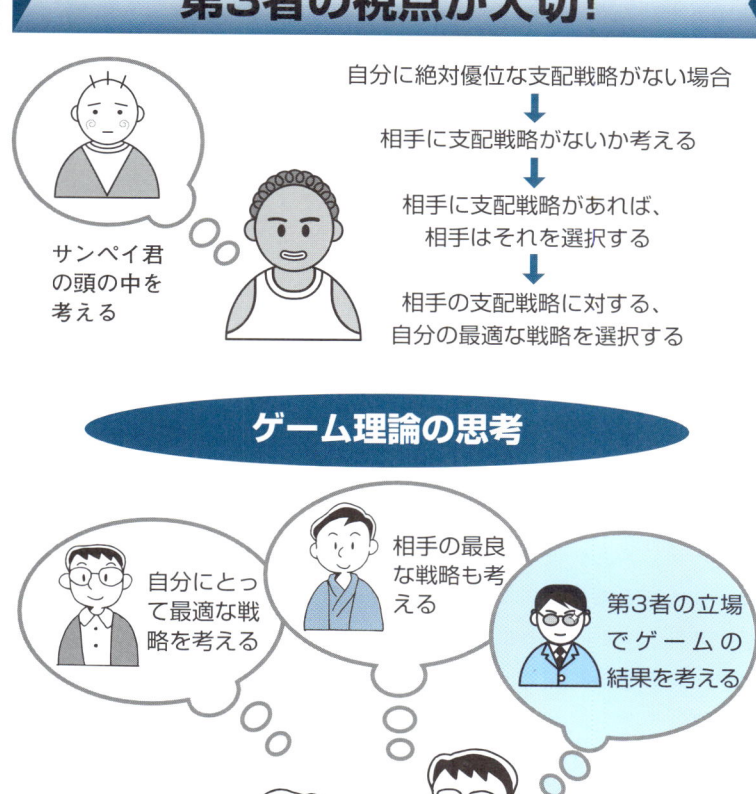

同時ゲームの例③ 文秋vs.新朝PART2

●お互いに支配戦略がないときは？

文秋と新朝の週刊誌競争の例を、読者の数を少し変えて考えてみます。今度は「議員疑惑」の記事に興味をもっている読者は60万人で、「金融不安説」には40万人が興味をもっているとしましょう。利得行列は、右項のようになります。

まず文秋の立場で考えてみます。相手（新朝）が「疑惑」を選択したならば、自分（文秋）は「金融」を選択する（利得40）ほうが、「疑惑」を選択する（利得30）よりも良い選択となります。また、相手が「金融」を選択したと想定すると、自分は「疑惑」を選択する（利得60）ほうが、「金融」を選択する（利得20）よりも良い選択となります。文秋には絶対優位な支配戦略は存在せず、自分にとって良い戦略は相手の戦略によって変わります。

一方、新朝の立場で考えてみても（両者は全く対称ですから）やはり絶対優位な支配戦略は存在しません。両者とも支配戦略がないので、今までの原則ではゲームの解は求められません。このような状況では、どのような戦略の組み合わせが結果（ゲームの解）となるのでしょうか？

●ゲームの解とはならない戦略の組み合わせ

たとえば、文秋も新朝も両方が「疑惑」を選択する戦略の組み合わせはゲームの解とはなりません。なぜなら、この組み合わせは、新朝が「疑惑」を選択するならば、文秋は「金融」を選択したほうが良いことから、文秋が第３者の立場で客観的に考えると納得するものではないからです。この組み合わせのように新朝が「疑惑」を選択するならば、文秋は「金融」を選択したほうが良いからです。

「文秋vs.新朝」の利得を変えてみる

興味のある読者

特集1

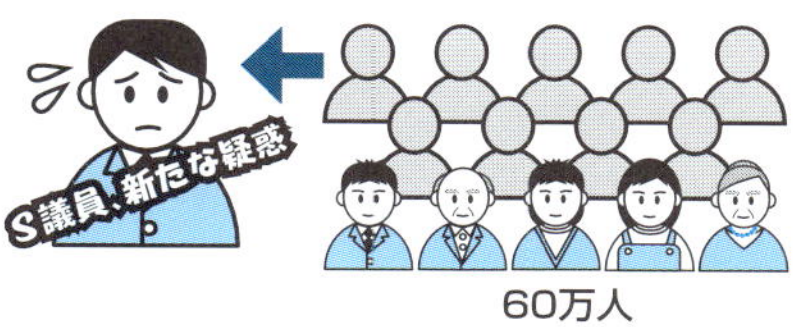

特集2

利得行列

文秋＼新朝	疑惑	金融
疑惑	(30, 30)	(60, 40)
金融	(40, 60)	(20, 20)

別々の特集
➡興味のある読者をすべて獲得

同じ特集
➡興味のある読者を半分ずつ獲得

文秋の立場で考えると？

新朝が「疑惑」を選ぶと？

文秋＼新朝	疑惑	金融
疑惑	(30, 30)	(60, 40)
金融	(40, 60)	(20, 20)

「金融」を選ぶほうが良い

新朝が「金融」を選ぶと？

文秋＼新朝	疑惑	金融
疑惑	(30, 30)	(60, 40)
金融	(40, 60)	(20, 20)

「疑惑」を選ぶほうが良い

文秋には支配戦略がない。両者は対称なので新朝にとっても同じ
➡両者ともに支配戦略がない

ナッシュ均衡とは？

●お互いに最良となる戦略の組み合わせ

前項の同時ゲームでは、「お互いに最良となるような戦略の組み合わせ」をゲームの解と考えます。この戦略の組み合わせを**ナッシュ均衡《きんこう》**と呼びます。先の例で説明すると、文秋が「疑惑」を選択し、新朝が「金融」を選択する組み合わせが１つのナッシュ均衡です。この組み合わせがゲームの解となるかどうか、まず文秋の立場で考えてみましょう。

この戦略の組み合わせで新朝は「金融」を選択していますので、文秋にとって最良なのは（このナッシュ均衡のとおりに）「疑惑」を選択することです。文秋は、この組み合わせがゲームの解であることに納得するでしょう。同様に、新朝の立場で考えても、この組み合わせがゲームの解であることに納得するでしょう。また、ナッシュ均衡は１つではなく、文秋が「金融」、新朝が「疑惑」を選択するのもナッシュ均衡です。どのナッシュ均衡が、実際に起きる結果となるかは、他のさまざまな状況に依存します。

●ナッシュ均衡からは動けない

ナッシュ均衡は「相手がそのナッシュ均衡戦略を選択しているときは、自分はその戦略から他の戦略に戦略を変えても利得が良くならないような戦略の組み合わせ」と言い換えることができます。文秋が「疑惑」を選択し、新朝が「金融」を選択するナッシュ均衡では、文秋は（新朝がそのナッシュ均衡戦略「金融」を取っている限り）「疑惑」から他の戦略に変えても利得は高くなりません。新朝にとっても同じことがいえます。お互いに最良の戦略を取り合うことを別の形で言い換えると、このように表現できることがわかります。

ナッシュ均衡の定義

ナッシュ均衡 ⇒ **お互いに最良となる戦略の組み合わせ**

文秋が「疑惑」を選び、新朝が「金融」を選ぶという組み合わせはナッシュ均衡

文秋＼新朝	疑惑	金融
疑惑	(30, 30)	(60, 40)
金融	(40, 60)	(20, 20)

新朝が「金融」を選択するならば ➡文秋は「疑惑」が最良
文秋が「疑惑」を選択するならば ➡新朝は「金融」が最良

ナッシュ均衡でなければ？（たとえば両者ともに「疑惑」を選択）

⬇

文秋は、新朝が「疑惑」を選ぶなら「金融」のほうが良い選択

⬇

文秋が戦略を変えるハズ

⬇

ゲームの解とはならない

文秋が「金融」を選び
新朝が「疑惑」を選ぶ
組み合わせもナッシュ均衡

ナッシュ均衡は1つとは限らないのだ

読み合う先に行き着く結果

●戦略の組み合わせがゲームの結果を決める

　ナッシュ均衡は、J・F・ナッシュ博士が同時ゲームの解として与えたので、その名がついています。ナッシュは解を与えただけではなく、後に示すような確率を用いた戦略である**混合戦略**《こんごうせんりゃく》という概念を使えば、ゲームのプレイヤーが何人でも、戦略がいくつでも、すべてのゲームに1つ以上のナッシュ均衡が必ず存在することを数学的に証明しました。この結果によりナッシュは1994年にノーベル経済学賞を受賞しています。

　ナッシュ均衡において注目すべき点は、各プレイヤーがゲームで選択する最良の戦略は、個人が独立して決められるものではなく、プレイヤー全員が取り合う戦略の「組み合わせ」として決まる、という考え方です。たとえば前項のゲームは「文秋の最良の選択は疑惑を選ぶことである」という結果ではありません。文秋の選択は単独では決定できず、あくまでも「文秋が疑惑を選び、新朝が金融を選ぶ」という、戦略の組み合わせによって、各プレイヤーの選択やゲームの結果が与えられるということです。意思決定の相互依存関係を分析するゲーム理論の特徴をよく表わした考え方といえるでしょう。

●読み合いの果てにナッシュ均衡に辿《たど》り着く

　ナッシュ均衡は、お互いが相手の戦略を完全に読み合った先に行き着くゲームの結果です。もしゲームの結果がナッシュ均衡でなければ、その結果を読み切ったプレイヤーは、自分の戦略をさらに別の戦略に変えることで、自分の利得を高くすることができます。お互いを読み合うプレイヤーにナッシュ均衡以外のゲームの解は考えられないといえるのです。

お互いにとって最適な戦略

最適な組み合わせはどのようにして導くのか？

最適な戦略はプレイヤーが
単独で決めることはできない

↓

「戦略の組み合わせ」として
ゲームの結果を予測する

読み合った先に行き着く、
最良の戦略を選択し合う組み合わせ
||
ナッシュ均衡がゲームの解である

ゲームの解はナッシュ均衡で決まり！

●今までの原則もナッシュ均衡で説明できる

ナッシュ均衡、すなわち「お互いが最良の戦略を選択する戦略の組み合わせ」をゲームの解とすることは、それまでの支配戦略を用いたゲームの解と異なる考え方なのでしょうか？

実は、支配戦略は相手のどんな戦略にも最良な戦略なので、２人が支配戦略を選択し合っているという戦略の組み合わせは、最良の戦略を選択し合うナッシュ均衡になります。また、１人が支配戦略をもち、もう１人がその支配戦略に対して最良の戦略を選択している場合も、やはり「最良の戦略の組み合わせ」であり、ナッシュ均衡になっていることがわかります。

すなわち、原則①②③の支配戦略を用いたゲームの解の考え方は、すべてナッシュ均衡の特殊な場合であると考えることができるのです。支配戦略を用いたゲームの解は、一般のナッシュ均衡よりは簡単にプレイヤーの行動を予測できますが、やはりお互いが相手を読み切った末に行き着く先であることに変わりありません。

●共通した原理で整合的に説明する

これまでの原則をまとめてみると、

原則④：同時ゲームの解は、お互いが最良の戦略を取り合うナッシュ均衡である。

という１つの原則にまとめることができるのです。その時々に応じて、場当たり的に新しい原則をもち出すのではなく、１つの共通した原則で、多くの場合を統一的に説明できることが、ゲーム理論の魅力であることは、既に述べたとおりです。

同時ゲームの解＝ナッシュ均衡

お互いが支配戦略をもつゲームの解（文秋vs.新朝PART 1）

文秋＼新朝	疑惑	金融
疑惑	(35, 35)	(70, 30)
金融	(30, 70)	(15, 15)

支配戦略は相手の
どの戦略にも最良な戦略
↓
最良の戦略を取り合う
ナッシュ均衡

一方が支配戦略をもち、もう一方がそれに対応する最良の戦略を選ぶゲームの解（46ページ　サンペイ君vs.ルイス君）

サンペイ＼ルイス	待つ	ボタン
待つ	(0, 0)	(30, 10)
ボタン	(−10, 50)	(−10, 40)

やはり、最良の戦略を取り合う
ナッシュ均衡

上からもわかるように、
同時ゲームの解は
ナッシュの均衡である
とまとめることができるのだ

交互ゲームの例①
文秋vs.新朝PART3

●文秋が先に記事を決める場合

さて、同時ゲームの解説はひとまず終わりにして、次に交互ゲームについて説明します。交互ゲームは、プレイヤーが順番に行動し、どの時点でもそれまでに行動したプレイヤーの選択がすべてわかるようなゲームである、ということは34ページで述べました。ここでは、今までに親しんだ文秋vs.新朝のストーリーを少し変えた例で考えてみましょう。

●文秋の発売日は新朝よりも2日早い

今度の例では、「文秋」の発売日は「新朝」よりも２日早いとします。特集記事はやはり「疑惑」と「金融」の２つで、どちらかの週刊誌を１冊だけ必ず買う読者が100万人、「疑惑」記事に興味のある読者は70万人、「金融」記事に興味をもっている読者は30万人であるとします。

文秋が特集記事の内容を決め、前日には今週号の広告を出します。新朝は文秋の広告を見て、特集記事をどちらにするかを決めます。文秋の発売日には新朝も今週号の広告を出すので、読者は文秋・新朝の両週刊誌がどのような特集をするかを知って週刊誌を買うことができます。

もし、両週刊誌が違う特集を組めば、興味をもっている読者はすべて獲得できるものとします。同じ特集を組めば、先に発売する文秋に少し多くの読者が集まります。両週刊誌が「疑惑」記事を選べば、文秋を購入する読者は45万人で新朝は25万人、「金融」記事を選べば、文秋は25万人で新朝は５万人の読者を獲得するとしましょう。

さて、各週刊誌はどちらの特集を組めば良いのでしょうか。

「文秋vs.新朝」の交互ゲーム

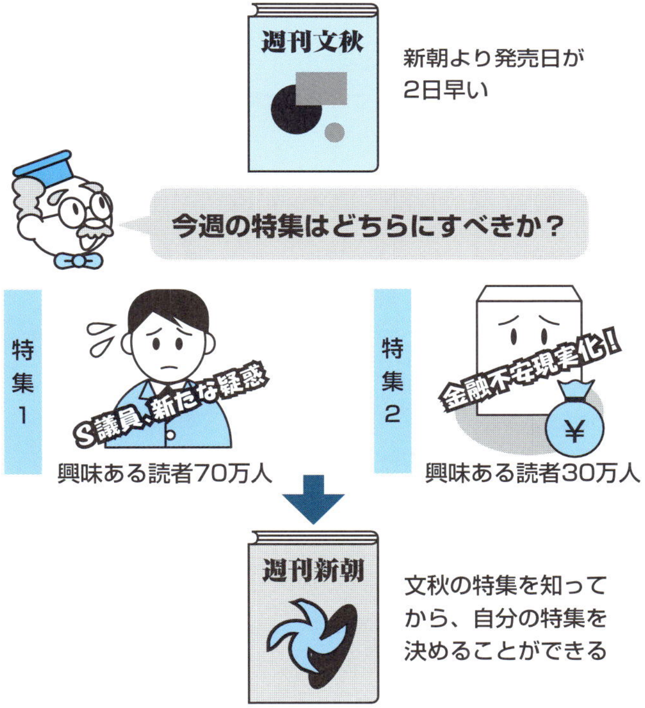
週刊文秋
新朝より発売日が
2日早い
今週の特集はどちらにすべきか？
特集1
S議員、新たな疑惑
興味ある読者70万人
特集2
金融不安現実化！
¥
興味ある読者30万人
週刊新朝
文秋の特集を知って
から、自分の特集を
決めることができる

両者が「疑惑」を特集 ➡ 文秋が45万人、新朝が25万人の読者を獲得

両者が「金融」を特集 ➡ 文秋が25万人、新朝が5万人の読者を獲得

一方が「疑惑」、もう一方が「金融」を特集 ➡ 「疑惑」が70万人、「金融」が30万人の読者を獲得

交互ゲームでは「ゲームの木」で考える

●同時ゲームは利得行列、交互ゲームはゲームの木

交互ゲームを表現する方法は**ゲームの木**です。これは同時ゲームの利得行列と同様に、ゲーム理論の重要な道具の１つです。右図に交互ゲームの木を示しました。ゲームの木は、次のような**点**と**枝**からなります。

①点：プレイヤーがプレイする場所を表わす**意思決定点《いしけっていてん》**、ゲームの結果と利得を示す**終点**の２種類の点からなります。

②枝：「意思決定点」から、各プレイヤーの選択肢毎《せんたくしごと》に伸びて、次の「意思決定点」、または結果となる「終点」を示す矢印。

なお、週刊誌が組む特集記事を、今までの同時ゲームでは「戦略」と呼んでいましたが、交互ゲームでは**選択肢**と呼びます。

●選択肢の方向に進む

ゲームの木を説明しましょう。まずゲームの木には**初期点《しょきてん》**があります。右図では１番左の点です。１番最初に行動するプレイヤー（文秋）の意思決定点が初期点です。意思決定点の下には、どのプレイヤーが行動するか書いておきましょう。

意思決定点からは、選択肢毎に枝と呼ばれる矢印が延びています。枝にはどの選択肢が対応するかを書いておきます。意思決定点でプレイヤーが選択肢を選ぶことは、それに対応する枝を選ぶことになり、その枝の先の点にプレイが移ります。このようにして、次々と意思決定点が移り、終点に達すればゲームは終わりです。そのときの終点にプレイヤーの利得が表わされています。

各プレイヤーが選択した初期点から終点までの枝をつないだものは、結果を表わす**経路《けいろ》（パス）**と呼ばれます。

「ゲームの木」を解体する

前項の「文秋vs.新朝」PART3
のゲームの木を書いてみると…

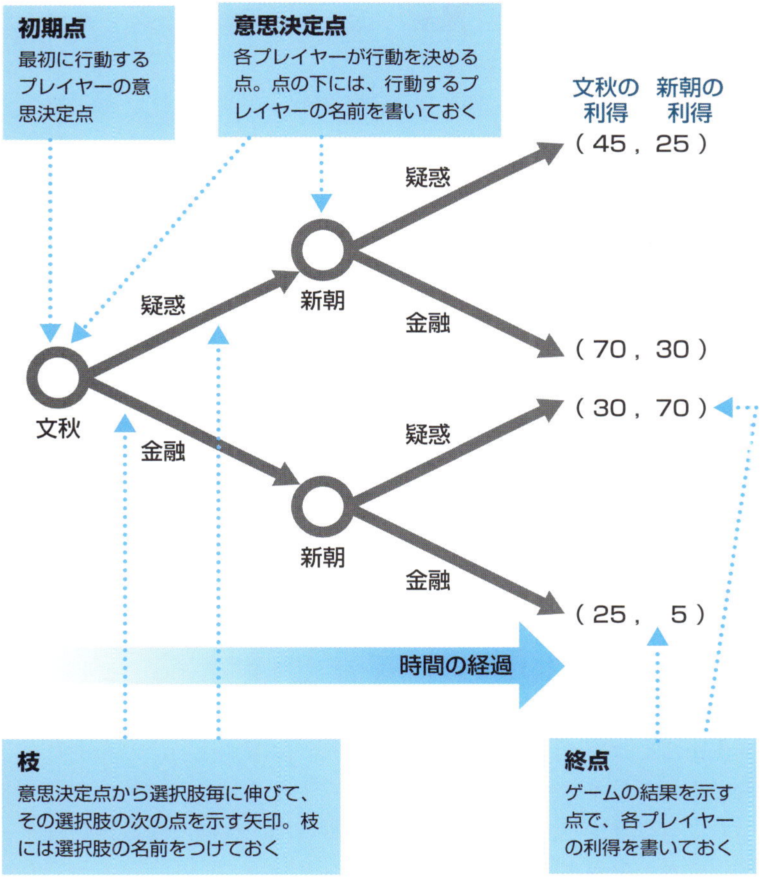
初期点
最初に行動するプレイヤーの意思決定点
意思決定点
各プレイヤーが行動を決める点。点の下には、行動するプレイヤーの名前を書いておく
文秋の利得
新朝の利得
疑惑
新朝
金融
文秋
疑惑
金融
新朝
疑惑
金融
(45 , 25)
(70 , 30)
(30 , 70)
(25 , 5)
時間の経過
枝
意思決定点から選択肢毎に伸びて、その選択肢の次の点を示す矢印。枝には選択肢の名前をつけておく
終点
ゲームの結果を示す点で、各プレイヤーの利得を書いておく

交互ゲームも同時ゲームも思考法は同じ

●先手の立場で考え、後手の立場で考える

60ページの文秋vs.新朝PART 3のような2プレイヤーの交互ゲームでは、先に行動するプレイヤー（文秋）を**先手**《せんて》、後から行動するプレイヤー（新朝）を**後手**《ごて》と呼びます。

交互ゲームの基本的な考え方は同時ゲームと同じです。各プレイヤー（先手・後手）の立場でそれぞれ考え、そのプレイヤーの最適な選択を考慮し、最終的には第3者の客観的な立場でゲームの結果を予測するというものです。

同時ゲームではどのプレイヤーの立場から考え始めても構いませんが、交互ゲームにおいては、時間的に後に行動するプレイヤーから、順番にさかのぼって考えることが大切になります（理由は次の項で明らかになります）。2プレイヤーの交互ゲームの場合は、後手の立場で考えてから、先手の立場で考えます。

●後手の立場で考える

そこで、まず後手（新朝）の立場で考えてみましょう。新朝は、もし先手（文秋）が「疑惑」の記事を選択したならば、「金融」の記事を選択したほうが（利得30）、「疑惑」の記事を選択するより（利得25）利得が高くなります。一方、もし文秋が「金融」を選択したならば、「疑惑」を選択したほうが（利得70）、「金融」を選択するより（利得5）利得が高くなります。

後手にとっては、先手の行動が実際に観察できるので、先手の行動に応じて最適な選択をすれば良いのです。文秋が「疑惑」を選択したならば「金融」を、「金融」を選択したならば「疑惑」を選択することが最適な選択となります。

後手の立場から考える

●2プレイヤーの交互ゲーム

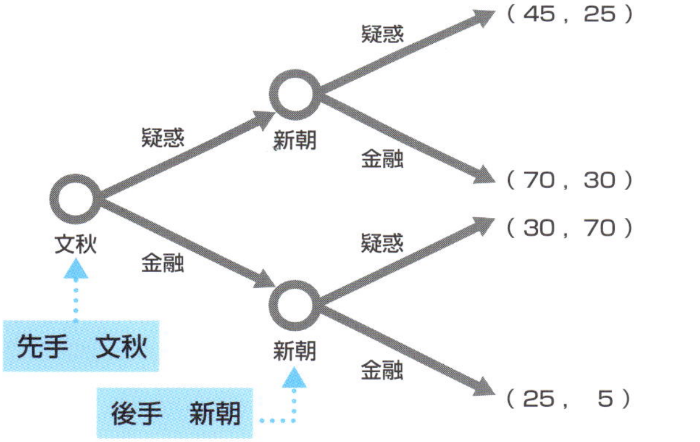

●後手（新朝）の立場で考える

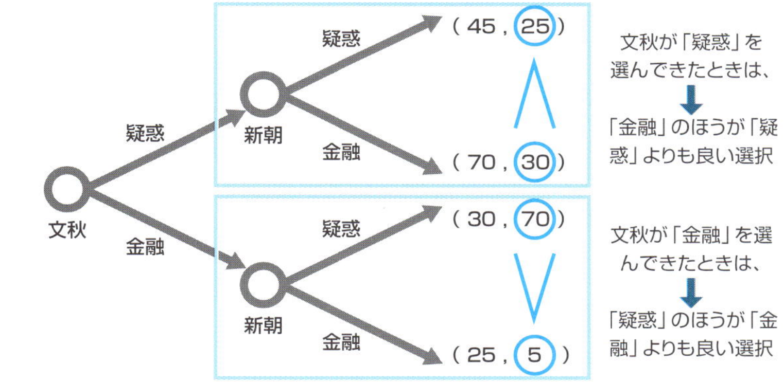

先手が「疑惑」を選べば ➡ 後手は「金融」を選ぶべき
先手が「金融」を選べば ➡ 後手は「疑惑」を選ぶべき

「先読み」で考えよ

●交互ゲームを解く最大のポイント

次に先手の立場で考えてみます。

先手の場合は、自分のそれぞれの選択に対して、その後に後手がどのように行動するかを予測することが必要不可欠となります。言い換えると先手は、自分の選択に応じた後手の行動を「先読み」して、自分の最適な行動を選択します。この「先読み」という考え方は、交互ゲームを解く最大のポイントになります。

先読みをするためには、後手の立場に立って後手の選択を考えなければなりません。後から行動するプレイヤーからさかのぼって考えるのは、このような理由があるからです。

●先手の立場で考える

では、先手（文秋）の立場で考えてみましょう。

まず先手は、自分が「疑惑」を選択したときに、後手（新朝）がどうするかを先読みします。この場合、後手は最適な選択として「金融」を特集しますので、結果として利得が70となることがわかります。次に先手は、自分が「金融」を選択したと想定してみます。この場合は、後手は「疑惑」を選択します。結果は、利得が30となることが読めます。

先読みを行えば、先手の文秋は、自分が「疑惑」を選択すれば利得が70、「金融」を選択すれば利得が30であることがわかります。かくして、文秋は「疑惑」を選択することが最適な選択となります。このとき、後手（新朝）が「金融」を選択し、これがゲームの結果となります。

先手は先読みをして選択肢を決定する

●先手の立場で考える

前項の後手に対して、今度は先手の立場で考えてみよう。ここで大切なのは、後手の行動を先読みすることだ

もし自分が「疑惑」を選ぶと → **先読み** 相手は「金融」を選ぶ → 自分の利得は70

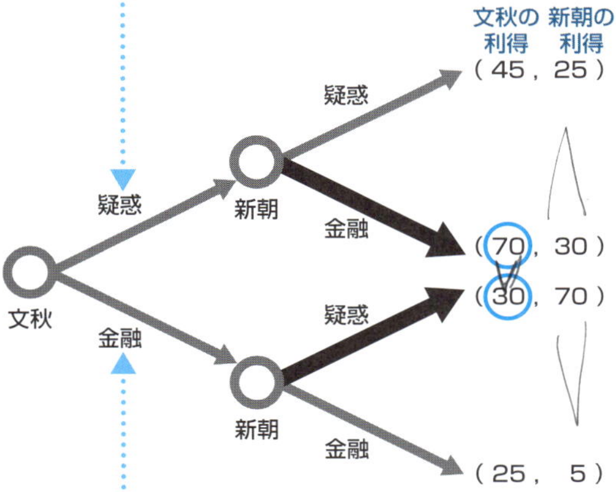

もし自分が「金融」を選ぶと → **先読み** 相手は「疑惑」を選ぶ → 自分の利得は30

先読みをすれば、先手は「疑惑」を選択すべき！

ゲームの結果

先手は「疑惑」を選択し、後手は「金融」を選択する

交互ゲームにおける ゲームの解

●すべての場合に対する最適な選択

交互ゲームの例①では、先手の文秋が「疑惑」を選択し、後手の新朝が「金融」を選択して、文秋の利得が70、新朝の利得が30となることがわかりました。結果をゲームの木に表わすと、先手と後手の選択した枝をつなげた経路となります。

一般に交互ゲームの結果は、初期点からの各プレイヤーの最適な選択をつなげて終点に至る経路となり、これを**結果の経路**と呼びます。

●実際には起きていない意思決定点をも示す必要がある

しかし、この「結果の経路」はゲームの結果を十分に説明したものとはいえません。この経路だけでは、なぜ先手が「疑惑」を選択したかをうまく説明できないからです。もともと、先手が「疑惑」を選択した理由は、もし先手が「金融」を選択したならば、後手が「疑惑」を選択するという先読みにあるはずです。この「先読み」を説明するには、結果には関係なくとも、先手が「疑惑」を選択したときに、後手がどのような選択をするかを記述することが必要です。言い換えると、ゲームの結果をよく説明するには、すべての意思決定点で各プレイヤーがどのような選択をするかを定めなければなりません。このような、すべての点で（「結果の経路」以外の点も）先読みを行ったプレイヤーの最適な行動が示したものを、**交互ゲームの解**と呼びます。

実際には起きない（文秋の「金融」に対する新朝の選択のような）意思決定点でも、どのような選択が行われるかを示してこそ、結果を論理的に説明したことになるのです。

実際には起こらない選択も重要

ゲームの結果は「先手は「疑惑」を選択し、後手は「金融」を選択」となる

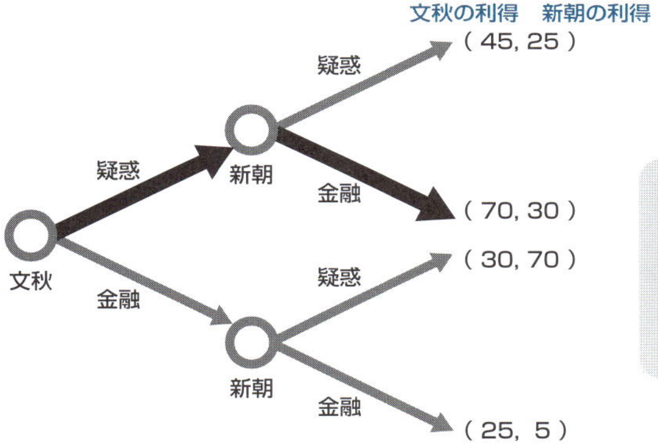

ゲームの木で
表わすと、太線
＝
結果の経路

しかし、これだけでは説明不足なのだ。文秋が「金融」を選ばなかった理由を述べる必要がある

交互ゲームの解
➡すべてのプレイヤーが、すべての点でどの選択をしたかを全部書く

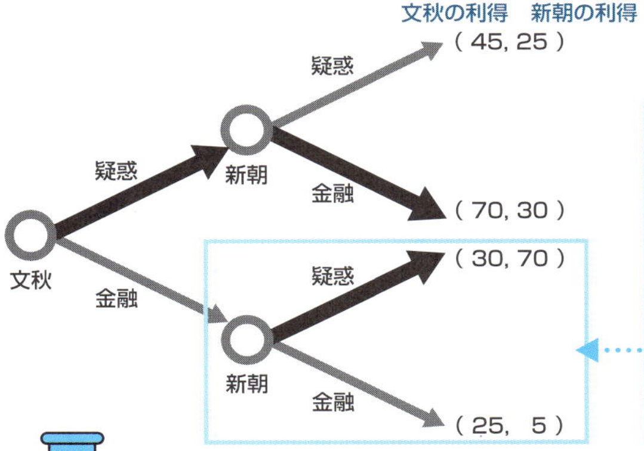

実際には起こらない、文秋が「金融」を選んだときの新朝の選択は、なぜ文秋が「金融」ではなく「疑惑」を選んだかの説明材料になる

ここまですべてを書き記して初めて、交互ゲームの解といえるのだ

「先読み」を解く バックワードインダクション

●「先読み」の「解法のテクニック」

交互ゲームを解く「先読み」をシステマティックに行う方法、言い換えると「交互ゲームの解法のテクニック」が存在します。これは**バックワードインダクション**と呼ばれ、以下のような手順で示されます。

①まず、ゲームが終わる直前の意思決定点（意思決定点のすべての枝が終点につながるプレイヤー）を考え、そのプレイヤーの最適な選択を求めます。

②次に、最適な選択を求めたプレイヤーの直前につながる（正確には、すべての枝がそれまでに解かれた意思決定点か終点につながる）意思決定点を考え、（それ以降の最適な選択を読み込んで）そのプレイヤーの最適な選択を求めます。

③②をすべてのプレイヤーの選択が決まるまで繰り返します。

言葉で書くと大変ですが、実際にやってみると簡単です。右項に、一郎・二郎・三郎の３兄弟が、順番に上か下かを選ぶ交互ゲームをゲームの木で表わしました。この練習問題を使ってバックワードインダクションでゲームの解を求めてみましょう。

まず、ゲームが終わる直前のプレイヤーは三郎ですから、三郎の最適な選択を求めていきます（STEP１）。次に、三郎の直前にプレイするプレイヤーは二郎です。STEP１の三郎の選択をもとにして、二郎の最適な選択を求めます（STEP２）。最後に、STEP１・２で求めた三郎・二郎の結果をもとにして、一郎の最適な選択を求めると、交互ゲームの解を求めることができます。

いかがですか？　簡単に交互ゲームの解を求められそうですね。

バックワードインダクションの例

一郎、二郎、三郎の順番でプレイする交互ゲームを解いてみよう！

＊数字は左から一郎、二郎、三郎の利得を表す。

```
          一郎 二郎 三郎
         上 (3, 6, 5)
      三郎 下 (1, 8, 2)
   二郎 上 (6, 3, 1)
      三郎 下 (4, 4, 7)
一郎 下 上 (2, 7, 4)
      三郎 下 (5, 1, 8)
   二郎 上 (8, 2, 6)
      三郎 下 (7, 5, 3)
```

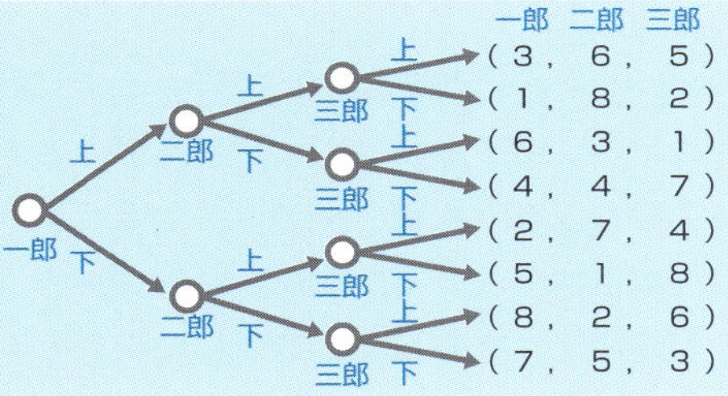

STEP1

最後のプレイヤー三郎の最適な選択をすべての点で求める

```
          一郎 二郎 三郎
         上 (3, 6, ⑤)
      三郎 下 (1, 8, ②)
   二郎 上 (6, 3, ①)
      三郎 下 (4, 4, ⑦)
一郎 下 上 (2, 7, ④)
      三郎 下 (5, 1, ⑧)
   二郎 上 (8, 2, ⑥)
      三郎 下 (7, 5, ③)
```

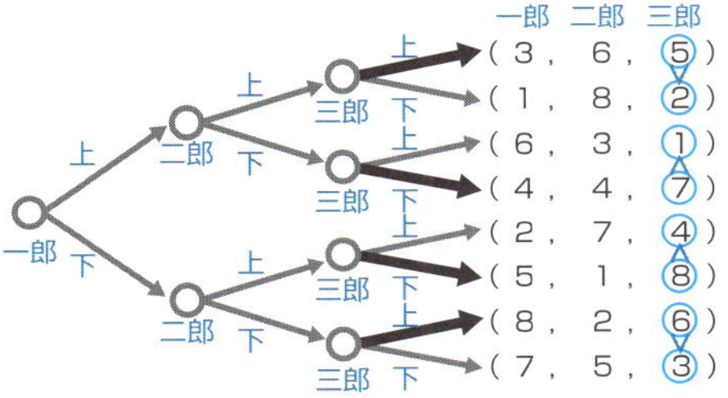

STEP2

二郎の最適な選択を、三郎の選択をもとにして求める

```
          一郎 二郎 三郎
         上 (3, ⑥, 5)
      三郎 下 (1, 8, 2)
   二郎 上 (6, 3, 1)
      三郎 下 (4, ④, 7)
一郎 下 上 (2, 7, 4)
      三郎 下 (5, ①, 8)
   二郎 上 (8, ②, 6)
      三郎 下 (7, 5, 3)
```

STEP3

一郎の最適な選択を、二郎・三郎の選択をもとにして求める

```
          一郎 二郎 三郎
         上 (③, 6, 5)
      三郎 下 (1, 8, 2)
   二郎 上 (6, 3, 1)
      三郎 下 (4, 4, 7)
一郎 下 上 (2, 7, 4)
      三郎 下 (5, 1, 8)
   二郎 上 (⑧, 2, 6)
      三郎 下 (7, 5, 3)
```

第2章 ゲーム理論の基本——同時ゲームと交互ゲーム

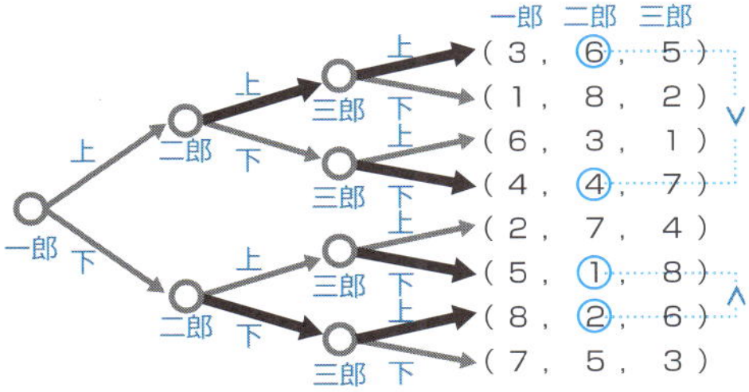

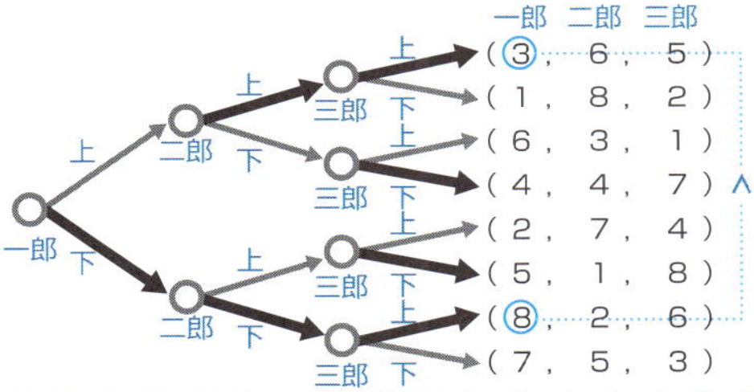

交互ゲームの戦略とナッシュ均衡

●交互ゲームの原則と交互ゲームにおける戦略

さて、これまで解説してきた交互ゲームの考え方をまとめると、
原則⑤：交互ゲームは「先読み」で解く。「先読み」を解くテクニックはバックワードインダクションである。
という原則で表わすことができます。

これまで交互ゲームにおけるプレイヤーの行動は「選択肢」と呼んできました。これに対し、交互ゲームにおける「戦略」とは、プレイヤーが意思決定するすべての点で、どの選択肢を選ぶかをすべて記述したものを呼びます。文秋vs.新朝の交互ゲームでは、後手の新朝の意思決定点は２カ所あります。後手の新朝にとっては、たとえば、「文秋が『疑惑』を選択したときに『金融』を選び、文秋が『金融』を選択したときに『疑惑』を選ぶ」が１つの「戦略」となります。この戦略を（金融，疑惑）とすると、後手の新朝の戦略は、この他に（疑惑，疑惑）、（疑惑，金融）、（金融，金融）と、計４つになります。一方、先手の文秋は１カ所しか意思決定点がないので、戦略は「疑惑」と「金融」の２つだけです。

後手の新朝は、先手の行動を見なくても、ゲームが始まる前に、この「戦略」をあらかじめ決めておけば良いことがわかります。このように考えると交互ゲームは、ゲームが始まる前に「戦略」を決める同時ゲームに対応することがわかります。

●交互ゲームの解＝ナッシュ均衡の１つ

交互ゲームの解は、この同時ゲームのナッシュ均衡の１つとなることがわかっています。すべての原理は同時ゲームのナッシュ均衡に通じているのです。

交互ゲームを利得行列で表わす

交互ゲームの戦略 → 各プレイヤーが、どの意思決定点でどの選択肢を選ぶかをすべて示したもの

文秋の戦略
疑惑、金融の2つ

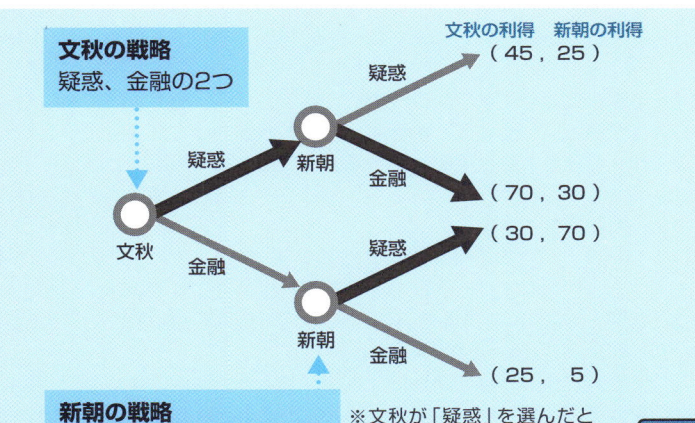

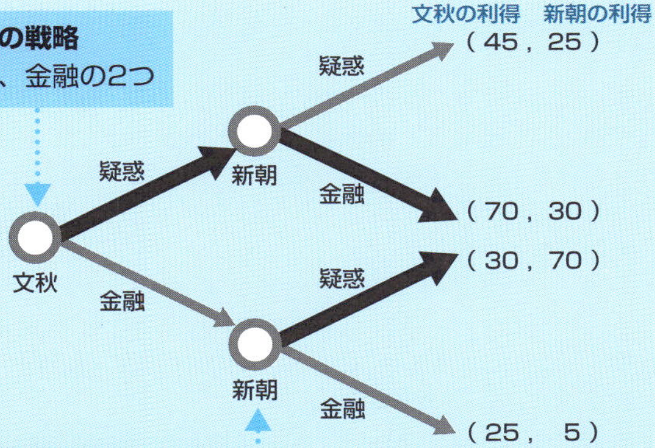

新朝の戦略
(疑惑, 疑惑) (疑惑, 金融)
(金融, 疑惑) (金融, 金融)

※文秋が「疑惑」を選んだときの選択を左に、「金融」を選んだときの選択を右に書く

交互ゲームを同時ゲームに直す

文秋＼新朝	(疑惑, 疑惑)	(疑惑, 金融)	(金融, 疑惑)	(金融, 金融)
疑惑	(45, 25)	(45, 25)	(70, 30)	(70, 30)
金融	(30, 70)	(25, 5)	(30, 70)	(25, 5)

COLUMN

エスカレーターを空けるのは右か左か

52ページで示したような絶対優位の支配戦略がなく、ナッシュ均衡が２つあるようなゲームにおいて、どちらのナッシュ均衡が選ばれるかはゲーム理論における大きな研究テーマです。このようなゲームは「MacかWindowsか」「ビデオ規格のベータかVHSか」など多くの問題に現れます。最近は、どちらのナッシュ均衡が選ばれるかは社会規範や慣習に大きく依存すると考えられており、その規範や慣習がどのようにゲーム理論で解釈できるか、といった研究も行われています。

近年、都市の駅などでエスカレーターに乗るときに、急ぐ人のために右か左の一方を空ける習慣が確立してきました。首都圏では右側を空けて乗るので、関東の人はそれが当然と思っているようですが、大阪駅など関西圏では左側を空けます。梅田駅などで、いつもの癖でボーっとして右側を空け左側に立つと、人にぶつかられたりします。

エスカレーターのどちらを空けるか？これをゲームにして考えてみると、やはりナッシュ均衡が２つあるゲームになります（下図）。プレイヤーがともに右か左か同方向を空けて乗るとスムーズに流れますが（利得１）、逆方向だとぶつかられます（利得－1）。

どちらを空けて乗るかは、まさに「慣習」であり、地域によって変わります。神戸や和歌山などは左、札幌・福岡・名古屋などは右です。仙台ではJRは右、地下鉄は左という報告があります。こうすると関西圏だけ特殊な気もしますが、ニューヨークやロンドンの地下鉄などは左を空けるので、案外左のほうが国際的なのかも知れません。これらはどう決まってきたのでしょうか、大変興味深いものです。

おもしろいのは京都です。右であったり左であったり、空けなかったりもします。いろいろな地域からの観光客が混ざっているからなのでしょうか。京の人は、急がずあわてず、ゆっくり行くからだともいわれています。

歴史ある京都の人の行動は、ゲーム理論では解けないのかもしれません。

	右	左
右	（1，1）	（－1，－1）
左	（－1，－1）	（1，1）

第3章

基本で読み解くゲーム理論のキーワード

インセンティブ、リスクプレミアム、ゼロサムゲームなど、新聞や雑誌の報道でゲーム理論を取り巻く新しい言葉を目にすることが多くなりました。本章では、第2章で学んだ同時ゲームと交互ゲームを読み解く方法を用いて、ここでも簡単なゲームを解きながら、これらの用語の意味を解説していきます。特に最後に出てくる「囚人のジレンマ」は世界の軍拡競争、環境問題、競合店の価格競争などなど、社会のいたるところで見ることができます。どうしてそんなことが起こるのか。ここに出てくる用語の概念をつかむことでその原因がわかるとともに、さまざまな状況下での戦略的な思考に生かすことができます。

●この章のキーワード

弱虫ゲーム
コミットメント
インセンティブ
交渉力
最後通牒ゲーム
総余剰
オークション
囚人のジレンマ

基本的なゲーム理論で解けるキーワード

●ゲーム理論のキーワードを読み解く

第２章では、ゲーム理論の基本である同時ゲームと交互ゲームについて学びました。このようなゲーム理論における最小限の知識だけを用いても、「弱虫ゲーム」「コミットメント」「インセンティブ」「交渉」「オークション」「囚人のジレンマ」など、ゲーム理論を取り巻く興味深いキーワードを理解することができます。第３章では、第２章で学んだゲーム理論の基本を用い、このようなキーワードを読み解いていきましょう。

さて、都心では2003年前後、丸の内の丸ビルに始まり、六本木ヒルズ、汐留、品川など、多くの新しいビルが建設され、都心再開発《としんさいかいはつ》ラッシュといわれました。そんな中「2003年問題」と呼ばれる供給過剰による貸ビルのテナント不足も懸念《けねん》されています。本章の最初では、このようなビルの建替えによる投資競争を例にして、ゲーム理論のいくつかのキーワードとその概念を説明していきたいと思います。

●ビルを建て替えるか？　否か？

ある地方都市の駅前に「小ビル」と「大ビル」という２つのビルが建ち、観光客や地元住民でにぎわっています。しかし、２つのビルはやや古くなってきたので、両ビルの所有者はともに建替えを考えています。一方のビルのみが建替えを行えば、もう一方のビルから客を少し奪い、ビルの集客力も上昇し、収益が建替え費用を上回るものとします。しかし双方ともビルを建て替えてしまえば、ともにメリットは少ないとします。右図には、両ビルの行動とそれによる収益（建替え費用を含む）の予測が示されています。

ビルの建替えに関する投資競争

《両ビルの行動と収益》

両ビルの行動	両ビルのオーナーの収益予測
両ビルとも現状維持	現状は大ビル優勢 小ビル4億円 大ビル8億円 
小ビルのみ建替え 大ビルは現状維持	小ビルの集客力アップ！ 大ビルと肩を並べる 小ビル6億円 大ビル6億円 
小ビルは現状維持 大ビルは建替え	大ビル巨大化＆集客力アップ！ 小ビル2億円 大ビル10億円 
両ビルとも建替え	とも倒れ 小ビル1億円 大ビル4億円 

※収益は建替え費用も考慮されているものとする

KEY WORD

ビルの投資競争

●2つのビル会社のリニューアル

前項の小ビルと大ビルの建替え競争を、同時ゲームとして考えてみます。さっそく利得行列で考えてみましょう（右図）。

両者が現状維持であれば小ビルも大ビルも、そこそこの収益を得ることができ、現状では大ビルのほうが高い収益をあげています。一方がビルを建て替え、もう一方が現状維持であれば、建て替えたほうの収益は現状よりも上昇し、現状維持のほうの収益は減少します。小ビルは、自分だけが建て替えることに成功すれば、大ビルと肩を並べることができるようですね。しかし、両方がビルを建て替えれば、両者ともに収益は減少してしまいます。

●弱虫ゲームとは？

この投《とう》資《し》競争《きょうそう》は**弱虫ゲーム**と呼ばれるゲームです。ナッシュ均衡は2つあり、1つは「小ビルが現状維持、大ビルが建替え」で、もう1つは「小ビルが建替え、大ビルが現状維持」です。このゲームでは、建替えに成功したほうが勝者で、現状維持のほうが敗者（＝弱虫）になります。しかし、両者が勝者になろうとして、ともに建て替えをすれば、2人とも不利益になります。それよりは、まだ自分が「弱虫」となったほうがマシです。

「弱虫ゲーム」の由来は、血気《けっき》盛んな2人の青年が強い者を決めるために、崖《がけ》に向かって車を猛スピードで走らせ、先に車を止めたほうが弱虫（英語でChicken）になるという勝負が、このゲームと同様の構造をもつところから来ています。ジェームス・ディーンの『理由なき反抗』という映画にこのシーンが出てくるそうです。

弱虫ゲーム＝チキンレース

《ビルの建替え投資競争の利得行列》

小ビル＼大ビル	現状維持	建替え
現状維持	（4, 8）	（2, 10）
建替え	（6, 6）	（1, 4）

※利益の単位は億円

ナッシュ均衡は2つ

1．小ビルが現状維持、大ビルが建替え
2．小ビルが建替え、大ビルが現状維持

弱虫ゲーム

建て替えたほうが勝者、現状維持を選んだほうが敗者＝弱虫（チキン）

↓

しかし両者が勝者を目指すとども倒れ

↓

崖に向かって車を走らせ、先に止まったほうが弱虫（チキン）

↓

2人とも車を止めないと大変なことに

KEY WORD ゲームを変えろ！

●結果がわからない「弱虫ゲーム」

弱虫ゲームにおいて、２つのナッシュ均衡のどちらが最終的な結果になるかは、現在のゲーム理論でもなかなか結論の出ない問題です。ゲームの詳細な状況、プレイヤーを取り巻く慣習や規範《きはん》などの影響を受け、さまざまな結果になる可能性があります。このゲームを実験すると、ともに強硬《きょうこう》な戦略を選んでナッシュ均衡にはならず、２人とも不利益を被《こうむ》る結果となることもあるようです。2003年問題はこの典型例なのかもしれませんね。

●「小ビル」のオーナーが勝者となるには？

さて、あなたは「小ビル」のオーナーであるとしましょう。弱虫ゲームのままでは、もしかしたら「敗者」になるかもしれません。何とかして「勝者」となる方法はないものでしょうか。

ヒントは「不利なサンペイ君が有利なルイス君を出し抜く」という前章46ページの「サンペイ君vs.ルイス君」の中にありそうです。この結果を応用してみましょう。

あなたは小ビルの建替えを決める前に、早々に大きなテナントと建替えを前提とした契約をしてしまうことにします。ここで「もしビルを建替えなかったならば、多額の違約金《いやくきん》（２億円）を払う」という契約をしたとしましょう。

このようにすると、利得が変わり、ゲームが変わります。新しい利得行列では「建替え」という選択は小ビルの支配戦略となります。小ビルが必ず建替えを選択することから、大ビルはこのことを知れば、渋々「現状維持」を選ばざるを得ないでしょう。

利得を変えて勝者になる

弱虫ゲームの結果はわからない

・現在のゲーム理論でも結論は難しい
・ゲームの詳細な状況、 慣習や規範に影響される
・実験するとナッシュ均衡以外の結果もある（とも倒れ）

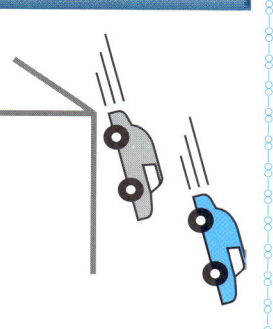

勝者となるためにゲームを変えろ

小ビルのオーナーは「建替えをしない場合は2億円の違約金を払う」という契約を新テナントとしてしまう

小ビル ＼ 大ビル	現状維持	建替え
現状維持	(4, 8)	(2, 10)
建替え	(6, 6)	(1, 4)

もとのゲーム

小ビル ＼ 大ビル	現状維持	建替え
現状維持	(2, 8)	(0, 10)
建替え	(6, 6)	(1, 4)

新しいゲーム

上のようにゲームが変わってしまうのだ

この新しいゲームでは、小ビルにとっての「建替え」が支配戦略となり、大ビルは「現状維持」が最良の選択となる

KEY WORD

コミットメント 自分を拘束することで有利になる!?

●背水の陣は相手に知らせる！

小ビルのオーナーは、建替えを前提とした契約をしてしまうことで現状維持の選択を断つ、いわば「背水《はいすい》の陣《じん》」を引き、活路を見出したといえます。通常、背水の陣とは、自分を後戻りできなくして発奮させる心理的効果を意味します。しかし、ゲーム理論における背水の陣の狙いはそこではありません。

小ビルが大ビルから譲歩を引き出すことができる理由は、大ビルが小ビルは絶対に現状維持を選択せず、建替えしか選択しないということを理解し、それに対する最良の選択を行うからです。

すなわち、大ビルが小ビルの支配戦略が「建替え」であることを認識することが、譲歩《じょうほ》を引き出す仕組みになっています。小ビルが、背水の陣を引き、独りよがりでいくら発奮《はっぷん》しても、大ビルがそのことを知らなければゲームは変わりません。背水の陣は相手に知らせることによって、初めて意味をもつのです。

●コミットメント＝自らを拘束する

見方を変えれば、小ビルはテナントとの契約で自分を拘束することで優位に立ったといえます。このように、言質《げんち》や契約などにより自分を拘束し、確実にその内容を実行する行為を**コミットメント**と呼びます。コミットメントは、ゲーム理論や近年の経済学を知る重要なキーワードです。

コミットメントの例はたくさんありますが、契約において予約金や手付金を払い、自分が簡単には契約を解除しないことを示すのはその１つです。婚約において、結納金や高い婚約指輪を買うのも、その例の１つといって良いでしょう。

背水の陣＝コミットメント

背水の陣

心理学における 背水の陣

後戻りできなくすることで、自分や組織を発奮させる心理的効果

ゲーム理論における 背水の陣

譲歩できないことを相手に知らせ、相手から譲歩を引き出す戦略的思考

ここでいう「背水の陣」はコッチ

これは同時に「コミットメント」と言い換えることもできる

コミットメント

確実な約束や契約によって、拘束された将来の行為。弱虫ゲームなどでは、自分が妥協しないように拘束することで相手から譲歩を引き出すこと

KEY WORD

先手有利か、それとも後手が有利か？

●先手を取ることがコミットメントの最も簡単な方法

先手を取り、同時ゲームを交互ゲームに変えれば、ゲームの利得を変えなくても、コミットメントを用いることができます。「小ビルと大ビルの建替え競争」の例では、小ビルが先にビルを建て替えてしまえば、大ビルは現状維持を取らざるを得ません。他のテナントとの契約で自分を拘束するまでもないことです。

右ページに小ビルが先手、大ビルが後手のゲームの木を書きました。70ページで学んだバックワードインダクションで解いてみましょう。まず後手（大ビル）の行動から考えます。大ビルの最適な選択は、小ビルが「建替え」を選択したときは「現状維持」、「現状維持」を選択したときは「建替え」となります。これより先手（小ビル）の最適な行動は「建替え」になります。かくして、小ビルが建替え、大ビルが現状維持という結果が得られました。

しかし、同様のことを考えれば、大ビルもさらに先手を取ろうと考えるでしょう。現実には、両者ができる限り計画を前倒しして、先手を取ることが可能な条件にあるほうが勝者となるか、あるいはやはり同時期に決定しなければならず同時ゲームになるか、などの結果が予想されますが、それはまた別の分析が必要です。

●コミットメントは必ず優位になるわけではない

このようにコミットメントで自分を縛れば、優位に立つことが可能ですが、常にそれが成立するわけではありません。たとえば、じゃんけんでは、自分がコミットしてしまうと自分が不利になります。先手を取ること、コミットすることが有利か不利か。これはゲームの構造をよく見て考えなければならないことなのです。

ゲームの構造を見極める

小ビルが先手の交互ゲームに

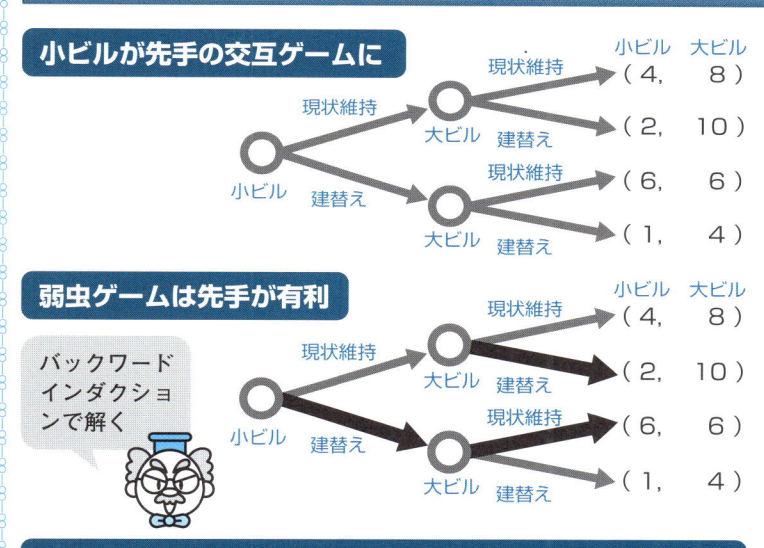

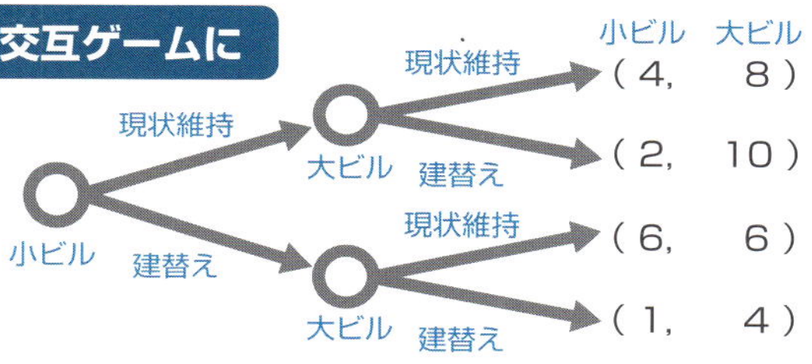

弱虫ゲームは先手が有利

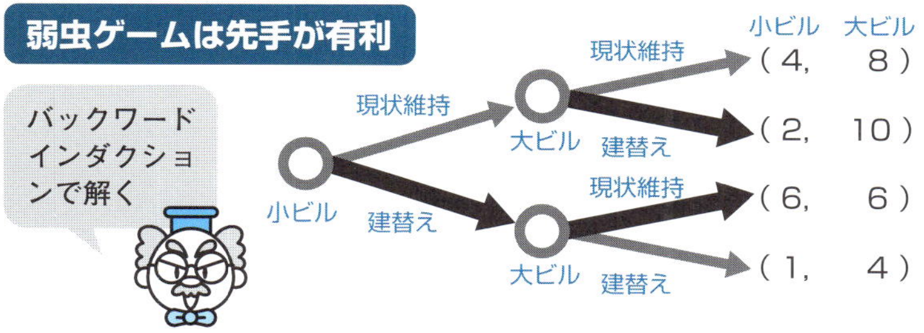

先手を取ることやコミットメントが必ず有利とは限らない

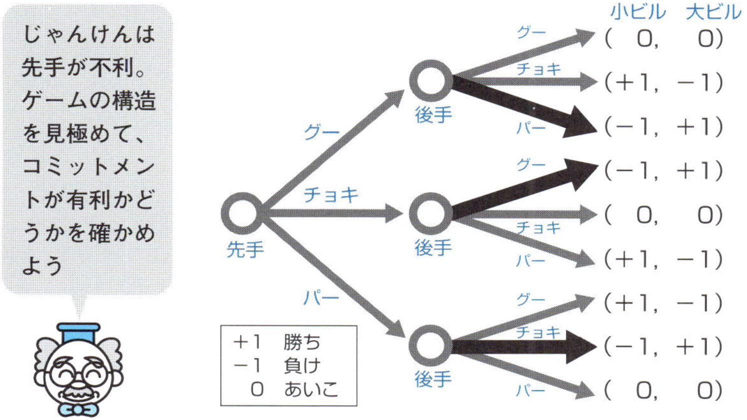

KEY WORD

インセンティブとは何か？

●人間が行動する動機

インセンティブという用語は、「動機」や「誘因《ゆういん》」と訳され、人が行動する理由やその要因などを意味する言葉です。「いくら頑張って仕事をしろといわれても、報酬や昇進に結びつかなければ、努力するインセンティブがない」とか、「いや、たとえ報酬や昇進がなくても、自己実現や人から認められることが、十分に努力するインセンティブになる」などのように用いられます。

ゲーム理論は「インセンティブの構造を明らかにする理論だ」といわれます。これは何を意味するのでしょうか。

プレイヤーが、報酬やお金によって高い利得を得るのか、自己犠《じこぎ》牲《せい》や自己実現で高い利得を得るのか。ゲームのプレイヤーの利得は、プレイヤーの目的・嗜好《しこう》・興味に由来する「インセンティブ」を反映します。しかし残念ながら、個人の目的や興味が何かという「インセンティブ」については、ゲーム理論は何も教えてくれません。ゲーム理論は、あくまでも個人の利得が定まった上での分析方法なのです。

●制度やルールによるインセンティブを明らかにする

しかし、個人が行動する誘因や動機は、プレイヤーの興味や嗜好（利得）だけではなく、制度や契約などの「ゲームのルール」に左右されます。ゲーム理論の枠組みを使えば、個人が行動する要因＝インセンティブを、個人の目的や嗜好、興味から由来するものと、制度やルールから由来するものに分けて、混同せずに語ることができるのです。このように、ゲーム理論は**「社会の制度・契約・ルールに基づくインセンティブの構造」を明らかにする理論**といえます。

ゲーム理論が明らかにするインセンティブの構造

インセンティブ ➡ 人が行動する理由や要因を意味する言葉

空びん回収におけるインセンティブの例

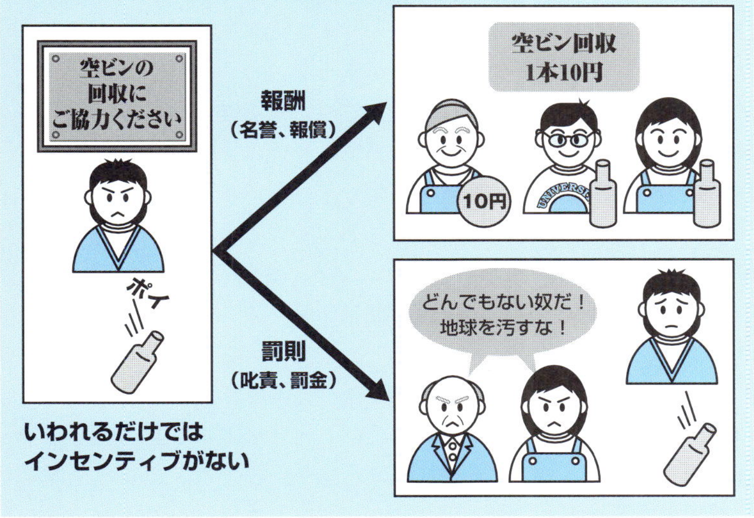

空ビンの
回収に
ご協力ください
ポイ
報酬
(名誉、報償)
空ビン回収
1本10円
10円
UNIVERSE
罰則
(叱責、罰金)
どんでもない奴だ！
地球を汚すな！
いわれるだけでは
インセンティブがない

インセンティブをもたらす2つの要因

①その人の好み、思想、嗜好によるもの

➡愛、お金、名誉、苦労など

②制度、契約、ゲームのルールによるもの

➡先払い、後払い、報酬、罰則など

ゲーム理論は①
については関与
しない。②を明
らかにするのだ

KEY WORD インセンティブと契約の問題例

●本の著者と出版社の関係

インセンティブをどう引き出すかは身近な問題です。現に、この原稿を執筆中の私と出版社もこの問題に直面しています。

本を書くためには、多くの「費用」が発生します。これは執筆の調査などの実費はもとより、自分の研究や家庭生活など多くのことを犠牲にし、時間を費やさなければならないという費用もかなり大きいといえます。売れる本を書こうと努力すればするほど、その費用は大きくなるといって良いでしょう。一方、出版社はできるだけ著者に努力してもらい、良い本を書いてほしいと願っています。著者に支払う印税が多いほど、著者は努力し売れる本を書こうとするでしょうが、印税払いを増やした以上に、出版社の利益が増加するかは難しい問題です。この問題を簡単なゲームで分析してみましょう。

今、価格が1,000円の本の執筆契約を出版社と著者の間で取り交わそうとしています。出版社は本の売れ行きに関わらず、55万円の固《こ》定額《ていがく》を著者に払うか、本の10%の印税《いんぜい》を支払うか、どちらかの契約を選択するものとします。契約が交わされた後に、著者は執筆に移ります。このとき、努力の水準が高ければ1万部売れる本が書け、著者がその高努力のために必要な費用を金額に換算すれば50万円になるとします。一方、努力の水準が低ければ、6,000部売れる本が書け、著者のその低努力の費用は20万円で済むとします。出版社は、出版の費用にかかる費用を差し引くと発行部数の売上の30%が利益になるとします。

出版社はどちらの契約を選択すべきでしょうか。

固定額か？　印税か？

著者と出版社の契約例

本　の　値　段：1,000円

出版社の選択：固定額55万円or10%の印税
著　者　の　選　択：高努力or低努力
著者の努力費用：高努力＝50万円or低努力＝20万円

結　　　　　果：高努力＝売上10,000部
低努力＝売上6,000部

出版社の利益：売上×30%－著者への支払い
著　者　の　利　益：固定額契約＝55万円－努力費用
10%の印税契約＝発行部数×10%－努力費用

出版社はどちらの契約を選ぶべきか？

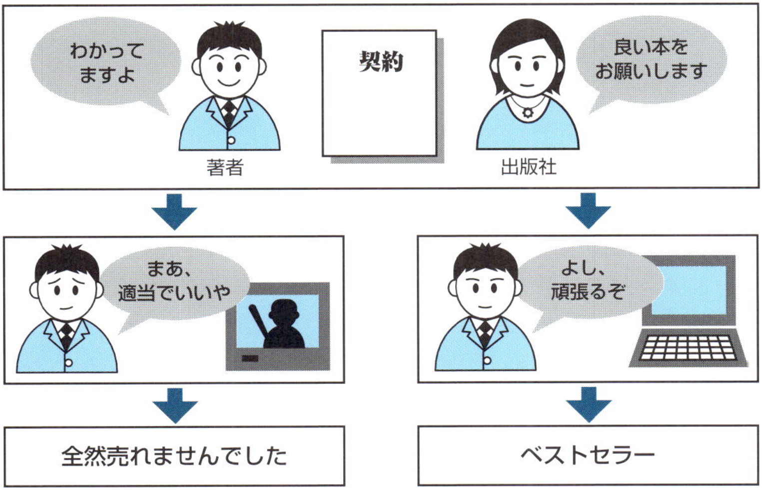
わかってますよ
契約
良い本をお願いします
著者
出版社
まあ、適当でいいや
よし、頑張るぞ
全然売れませんでした
ベストセラー

KEY WORD

インセンティブ契約 ―歩合給と固定給

●出版社は10％の印税契約を選ぶ

ゲームの木を見てみましょう。もし著者が報酬に関わらず高い努力をするならば、出版社は固定額契約にしたほうが（245）、10％の印税契約（200）より高い収益を得られます。しかし、著者のインセンティブを考慮するとどうでしょうか。この交互ゲームをバックワードインダクションで解いてみましょう。

まず出版社が固定額の契約をした場合は、著者の報酬が努力水準に関係なく既に決まっているので、著者は低努力を選択します。一方、出版社が出版部数に応じた印税契約をした場合は、著者は高努力を選択します。この著者の行動を先読みすれば、出版社は10％の印税契約を選択するはずです。

著者の努力水準が報酬に反映されることで、費用がかかっても努力をするインセンティブが著者に生じます。努力が反映されない固定額の契約では、努力するインセンティブが生じません。このような、努力が反映されるようなインセンティブを考慮した契約を**インセンティブ契約**と呼びます。固定給に対する歩合給《ぶあいきゅう》はインセンティブ契約の典型的な例です。

●歩合給の限界と費用・成果・監視に対する不確実性

一般には歩合給ではなく、固定給も多くの雇用契約には用いられています。これはなぜでしょう。このゲームでは、著者の努力が出版部数という「成果」に完全に反映され、出版社は著者の努力を完全に「観察」できることになっています。しかし、通常はこの努力と成果の間には不確実性があり、これが最適な契約のあり方を変えていきます（これは第５章で考察します）。

インセンティブ契約

著者と出版社の契約

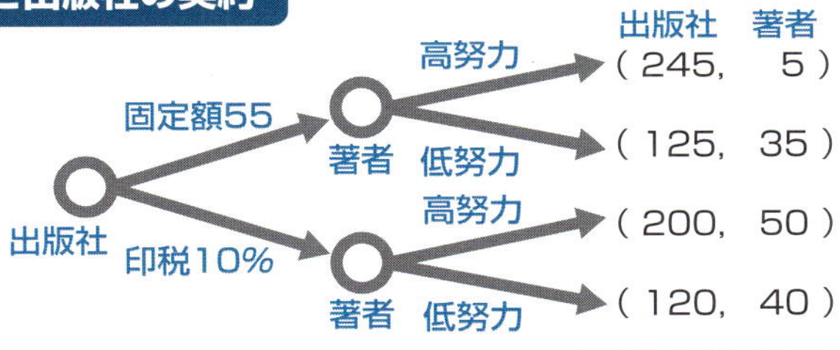

※利得の単位は万円

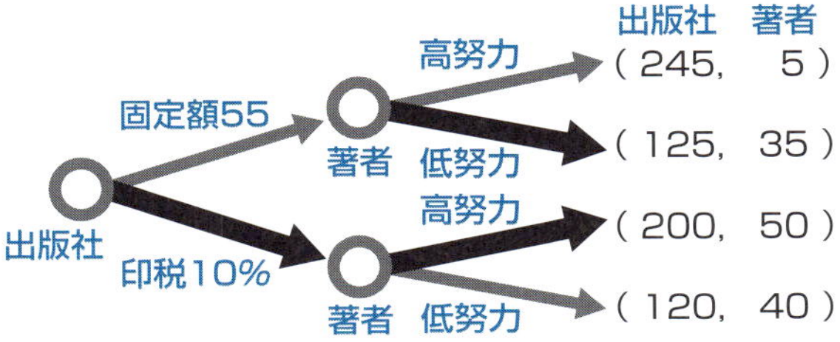

この枠組みでは反映されない点

・著者の努力に対し、成果は確実に結びつかないことがある

・著者が努力したかどうかを、出版社が正確には観察できない

KEY WORD

交渉力を考える

●ゲーム理論の大きな研究課題

「日本人は交渉下手だ」などと昔はよくいわれました。しかしこれは、日本人が考える交渉の概念と、西欧のそれとが大きく違うことが要因だと、私は考えていました。近年の国際化でその溝も埋まり、高い交渉術を身につけている企業人も増えてきました。

交渉はゲーム理論における重要な課題で、交渉の決着において何が大きな要因となるのか、交渉での立場の強弱を決める「交渉力」の源泉とは何か、などについて多くの研究が行われています。

交渉には、勘や経験や天性の才能がモノをいう理論化不可能な技法が多くあり、ゲーム理論で教えられる部分だけでは完全ではありません。しかし、ゲーム理論を通して交渉を普遍化してみれば、西欧的な交渉の「理念」や「原理」を理解でき、交渉術を身につける第一歩としては大いに役立つはずです。

●渡辺家の土地購入における交渉

先日、私（渡辺家）は新居のために土地を購入しました。土地やマンションの価格交渉は、ゲーム理論で交渉を考える格好の教材です。そこで、このときの話をもとにして、交渉のもっとも基本的な形を考えてみましょう。

W（私がモデルです）は、ある土地の購入を考え、1,700万円までならこの土地に支払っても良いと評価しています。できるだけ安く買おうと不動産屋を介《かい》して売主と交渉を進めてきましたが、そろそろ交渉期限も近づいてきました。売主は1,500万円に土地を評価しているようで、それ以下では売らず、そこまでは値が下がりそうな気配です。（次項に続く）

ゲーム理論で交渉力を高める

交渉

ゲーム理論の重要な研究課題。
交渉力とは何か？　決着の要因は？

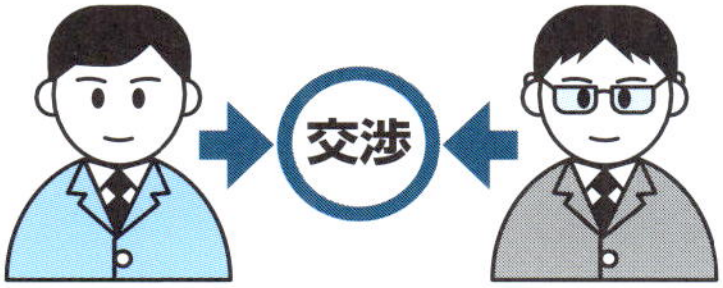

ゲーム理論でできること

・交渉の原理の理解
・西欧的“合理主義”の考え方
・交渉力を決める大きな要因

ゲーム理論でできないこと

・心理的な脅しやハッタリなどの分析
・詳細な個別ケースに対応できるテクニック

＜交渉の例＞　W（渡辺家）の土地購入

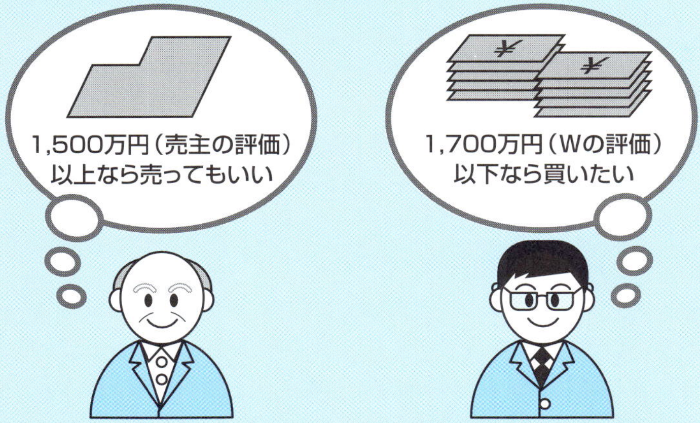

できるだけ高く売りたい売主　　できるだけ安く買いたいW

交渉の要因①
選択肢・決裂点・利益

●交渉の決裂点と利得

ある日、不動産屋から電話があり「土地購入を今週の日曜までに決めてほしい。さもないと他者に売る」といわれました。いよいよ最終交渉に入らなくてはなりません。

交渉をゲーム理論で考えるためには、まず交渉の決裂点《けつれつてん》と利得が何であるかを考えなければなりません。ここで、Wと売主の交渉がまとまるのは、1,500万円以上1,700万円以下の価格です。それ以外の価格提示では交渉は決裂するでしょう。これが交渉の妥協と決裂の分岐点《ぶんきてん》になります。

もっとも交渉には「脅し」や「ハッタリ」がつきものです。相手の本音（本当に売主の評価額が1,500万円なのか）や交渉の決裂点がわからないのが本来の交渉のポイントかもしれません。初歩的なゲーム理論では「はったり」のような技巧的《ぎこうてき》な部分を扱うのは難しいので、お互いの評価額はわかっているとしておきます。

次に交渉が結実した際の利得ですが、Wは評価額1,700万円と売買価格との差額、売主は1,500万円と売買価格との差額と考えることができるでしょう。この評価額と売買価格との差額は**余剰《よじょう》**とも呼ばれます。

●交渉の「最後通牒権」をとる

さてWがとった手段は、期限ギリギリまで返事を待ち、交渉の最《さい》後《ご》通牒権《つうちょうけん》を取る（次項で解説）という方法でした。ここでWは期限である日曜の夕方に不動産屋に連絡し「1,510万円で買うが、売主は承諾《しょうだく》するか拒否するか」ともちかけたのです。このゲームを交互ゲームとして分析してみましょう。

交渉の3つのポイント

①選択肢	②利得	③決裂点
交渉の選択肢として何があるか	交渉が決着したとき、何を利得と考えるか	交渉が決裂したとき、どうなるか

Wの土地購入交渉

①選択肢・・・売買価格　1,550万円？　1,620万円？・・・

②利得　・・・評価額と売買価格との差額。余剰とも呼ばれる

例　1,550万円で売買

売主の余剰：1,550－1,500＝50万円

Wの余剰　：1,700－1,550＝150万円

③決裂点・・・売主・Wともに余剰が0

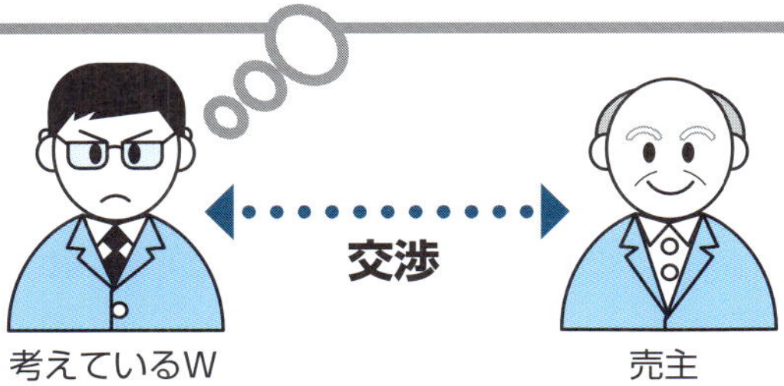

最後通牒権を取る ギリギリまでの譲歩を引き出す方法

●最後通牒ゲーム

右図はWが購入価格を提示し、売主がそれに対して承諾か拒否かを選択する交互ゲームを表わしています。1円単位の交渉は実際には無理なので、10万円単位で交渉をしているとします。このゲームのポイントは、売主が提示を拒否したならば、交渉が決裂するという点です。Wの提示が「最後通牒」となっていることから**最後通牒ゲーム**と呼ばれます。

●Wが最後通牒権を取った理由

最後通牒ゲームをバックワードインダクションで解いてみます。後手は金額を提示され、承諾か拒否かを決める売主です。売主は提示された金額が交渉決裂よりも良い結果ならば承諾し、悪い結果ならば拒否します。今回は、1,510万円以上ならば承諾、1,490万円以下ならば拒否するでしょう。1,500万円は、承諾と拒否が同じ利得なので、どちらを選択するかは微妙な問題ですが、ここでは拒否と考えておきます。金額を提示する先手（W）は、それを先読みして1,510万円を提示することが最良の選択です。

かくして、最後通牒ゲームでは、金額を提示するほうが決裂ギリギリの金額を提示し、提示されたプレイヤーが渋々それを承諾するのが結果となります。最後通牒ゲームでは、金額を提示し最後通牒するプレイヤーが圧倒的に有利なのです。Wが最後通牒権を取った理由はこれでした（なおWの交渉顛末《てんまつ》は右ページ下に）。

通常は、このような最後通牒1回で交渉が終わることはなく、何度も提案、再提案と続くのが一般的です。このような交互提案を含んだ、さらに発展した交渉については、後ほど考察します。

交渉理論と現実の交渉

最後通牒ゲーム

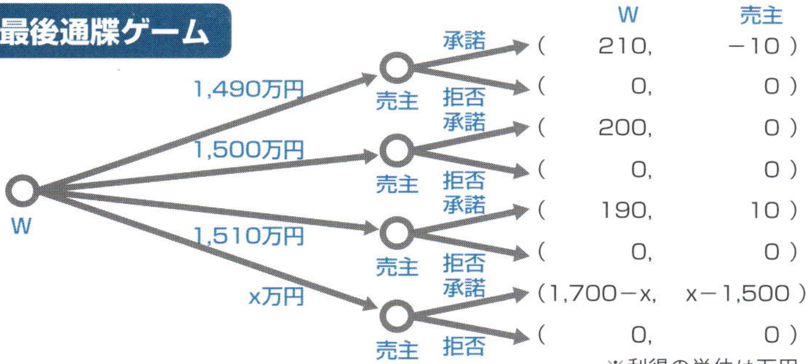

※利得の単位は万円

バックワードインダクションで解く

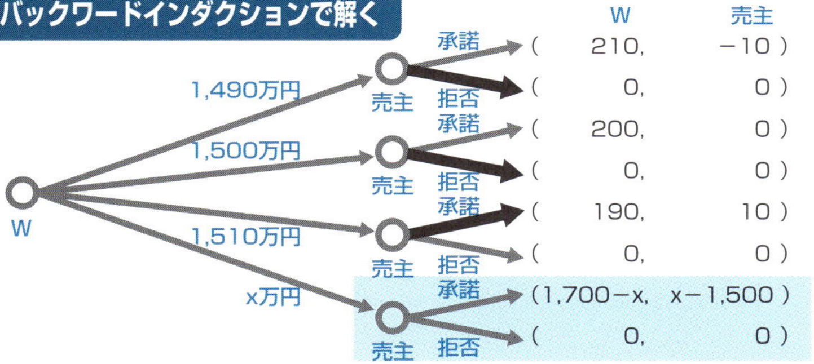

x≦1,500なら拒否　x>1,500なら承諾

Wの交渉の顛末

最後通牒でまんまと交渉に成功したと思ったWですが、なんとその日の夜8時頃に不動産屋から電話があり、「売主は1,550万円でないと売らないといっている。即答してくれ」と逆に最後通牒されてしまったのです。

理論的には売主は1,690万円まで提示できるはずですが、そうなるとこちらも悔しいし、一考を要するので話はまとまりにくくなります。その心理も読んだ「1,550万円」という微妙な数字に驚かされました。

結局、Wは「1,550万円」で承諾の返事をしたのでした。

（購買価格はフィクションです）

KEY WORD

社会的総余剰と余剰の分配

●交渉成立は2人の利益

もし交渉が決裂して、売買が成立しなければ２人の余剰は０です。交渉が成功すれば、２人とも何がしかの余剰が生まれます。交渉が成立するということは、２人にとって利益になることなのです。交渉においては、このことを常に念頭に置かなければなりません。感情的になって交渉が決裂する場合は、この基本的なことが意外と忘れられていることが多いのです。

●２人の利益の合計

今回の交渉成立が２人にとって利益となるのは、「交換が人々を幸せにする」という経済学のもっとも基本的な原理の１つから由来しています。

ゲーム理論から少し離れて、このことについてもう少し考えてみます。今、土地が1,600万円で売買されたとすると、Wは100万円、売主は100万円の余剰が生まれます。これらの合計の200万円を売り手と買い手の**総《そう》余剰《よじょう》**と呼びます。ところでWが最後通牒するゲームでは、Wの余剰は190万円、売主の余剰は10万円でした。総余剰はやはり200万円で変わりません。売主が最後通牒するゲームも総余剰は同じです。

●総余剰は売買価格によらない

結局、交換による２人の利益の合計「総余剰」は売買価格には依存しません。財交換《ざいこうかん》における交渉とは、交換における２人の利益の合計（総余剰）を売り手と買い手でどのように分配するかという問題であると言い換えることができます。

売買価格の変化は総余剰に影響しない

売主

W

評価額1,500万円

評価額1,700万円

社会的総余剰と余剰の分配

売主

W

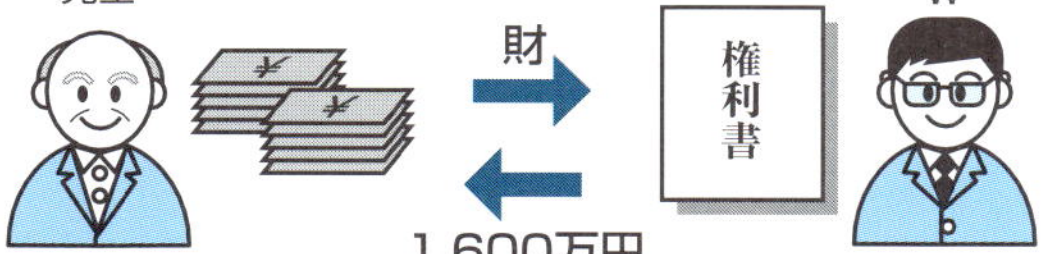

1,600万円

売主の余剰100万円

Wの余剰100万円

総余剰 ＝ 100 ＋ 100 ＝ 200万円

交換が生み出す総余剰は同じ

売主

W

1,510万円

売主の余剰10万円

Wの余剰190万円

総余剰 ＝ 10 ＋ 190 ＝ 200万円

以上からこのような３つのことがわかる

①財の評価が高い者と財が交換されることによって総余剰が増加する
②総余剰は売買価格に依存しない
③売買価格は総余剰の「分配」を変化させる

KEY WORD

市場原理と余剰の再分配

●余剰から見た市場

前項では、売り手と買い手が１人ずつの財の「交換」について考えました。売り手や買い手が多くなると、経済学が考える**市場**に近づいていきます。ここでは、売り手が１人で買い手が複数いる「市場」を余剰の観点から考えてみましょう。

前項の例で、Ｗの他にＡという人物が現れ、この土地を2,000万円まで支払っても良いと評価しているとします。３人の総余剰を最大にするにはどうすれば良いでしょうか。

３人の総余剰は、Ａに土地が渡ることで最大になります。例えばＡに1,800万円で土地が渡った場合、余剰は売主が300万円、Ｗが０円、Ａは200万円で、総余剰は500万円になります。Ｗに土地が渡るより総余剰が300万円増えています。この場合も交渉と同じく、総余剰は売買金額には依りません。

●総余剰の最大化と余剰の再分配

評価額の高い者が現れると、その者に財を渡せば全体の総余剰は増加しますが、余剰が減る人も出てきます（今回はＷ）。しかし、もし余剰をうまく再分配《さいぶんぱい》する方法があれば、以前よりも全員の余剰を増加させることができます（右ページ参照）。

このように、もし余剰の再分配がうまくいけば、財がもっとも評価の高い人に渡ることが、皆を幸せにすると考えられます。この簡単な例は、前項の「交換」に続き、「市場」が皆を幸せにするという原理と条件を簡単に説明しているといえます。もっとも、この再分配（税金や補助金などで行われる）をうまく働かせることは難しく、多くの問題を生み出しているといえます。

総余剰を増やすには？

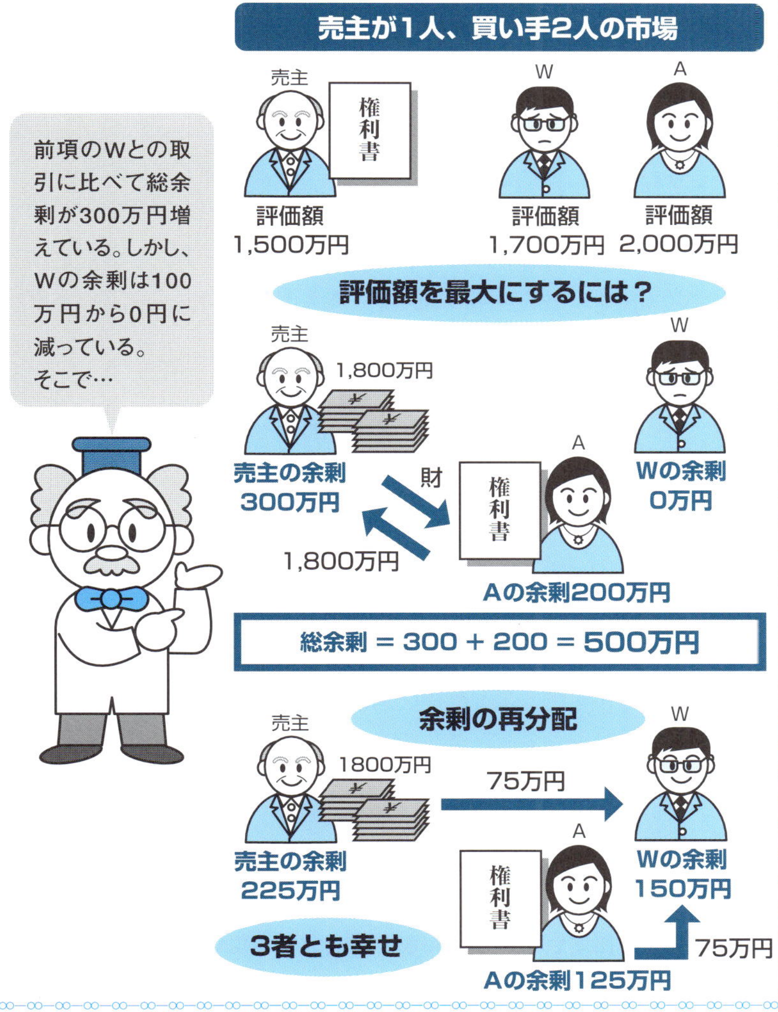
売主が1人、買い手2人の市場
売主
権利書
評価額
1,500万円
W
評価額
1,700万円
A
評価額
2,000万円
前項のWとの取引に比べて総余剰が300万円増えている。しかし、Wの余剰は100万円から0円に減っている。
そこで…
評価額を最大にするには？
売主
1,800万円
売主の余剰
300万円
財
1,800万円
A
権利書
Aの余剰200万円
W
Wの余剰
0万円
総余剰 ＝ 300 ＋ 200 ＝ 500万円
余剰の再分配
売主
1800万円
75万円
売主の余剰
225万円
A
権利書
Aの余剰125万円
W
Wの余剰
150万円
75万円
3者とも幸せ

KEY WORD

オークション

●売り手が１人の市場

前項では売り手が１人で買い手が多数の市場について考えました。**オークション**や**入札《にゅうさつ》**はこのような市場を実現したものであると考えられ、現に魚市場や青果市場のように、「市場」という名前そのもので呼ばれています。

買い手同士が、お互いに安く財を手に入れようと戦略をめぐらすオークションは、ゲーム理論が得意とする分析対象です。ここからはオークションについて考えてみましょう。

●いろいろなオークション

一口にオークションといってもさまざまな種類があります。典型的なものは魚市場や、サザビーズなどのオークションハウスで行われる、価格が競り上がっていく**競《せ》り（イングリッシュオークション）**です。これに対し、「バナナの叩き売り」などでは、競り人が500円、450円…と値段を下げていき、買い手が「買った」と声をかけたところで価格が決まります。花市場などでも用いられる価格が下降する形式のこのオークションは**ダッチオークション**と呼ばれます。これらの２つの形式は、相手の付け値がわかるため**公開オークション**と呼ばれます。

骨董《こっとう》品や古書のオークションでは、買い手が紙に価格を書き封印して入札し、最高額入札者がその価格で落札《らくさつ》します。この方法は**競争入札**と呼ばれます。競争入札のように、相手の付け値がわからないオークションは**封印入札《ふういんにゅうさつ》**と呼ばれます。封印入札には最高額入札者が２番目に高い価格で購入する、**セカンドプライスオークション**と呼ばれるものも考えられています。

オークションにもさまざまな種類がある

オークション → 売り手が1人で買い手が多数の市場

《いろいろなオークション》

公開オークション

競り（イングリッシュオークション）
価格が上がっていく
➡ 魚市場・オークションハウスなど

ダッチオークション
価格が下がっていく
➡ バナナの叩き売り・花市場など

封印入札

競争入札
（ファーストプライスオークション）
最高額入札者にその価格で売る

セカンドプライスオークション
最高額入札者に、2番目に高い価格で売る

KEY WORD

競り

●競りをゲーム理論で考える

オークションの分析で1番簡単なのは**競り**の分析です。先の例でWとAに売主が競りで土地を売ったと考えてみましょう。「土地の競りなんて」と思われるかもしれませんが、不動産オークションは現在注目されるビジネスモデルの１つなのです。

ここで、売主が自分の売りたい最低限の価格である1,500万円から10万円ずつ値を上げていったとしましょう。1,680万円、1,690万円と価格が上がり、Wの評価《ひょうか》額《がく》1,700万円を超えたところで、Wは競りから降ります。かくして競りではAが1,700万円で落札することになります。

このことをゲームの木で確認してみましょう。価格が2,100万円になったところからバックワードインダクションでゲームを解くと、WとAの最適な戦略は「自分の評価額を超えると競りから降り、自分の評価額以下では競りを続ける」となるのがわかります。すなわち、競りでは先読みする必要もなく、正直に自分の評価額まで競りを続け、評価額で競りから降りれば良いのです。

●2番目に高い評価額で落札する

このような簡単な分析でもわかることが２つあります。１つは、参加者が戦略的に行動しても、競りでは１番評価の高い者に財が渡る、すなわち先に見たような総余剰を最大化する取引であるということです。もう１つは、落札価格は２番目に高い評価額（付近）が落札価格となるということです。Aが１億円まで出す予定であっても、Wの評価額が1700万円で変わらないならば、落札価格はやはり1700万円になるということがわかります。

競りによる土地売買

100ページの土地売買を「競り」で行ってみよう

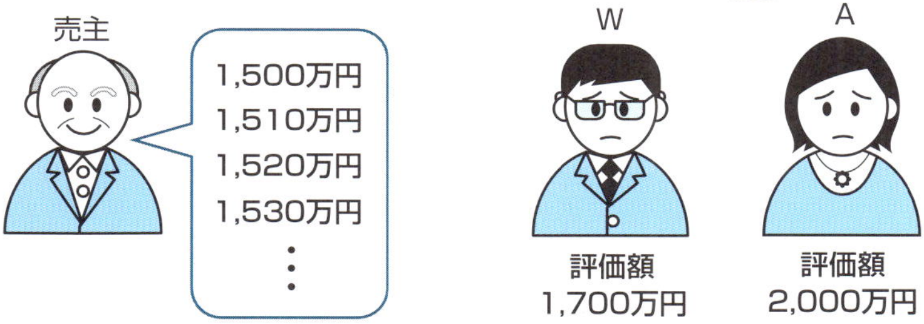

値段が上がるたびに2人は苦しくなっていく

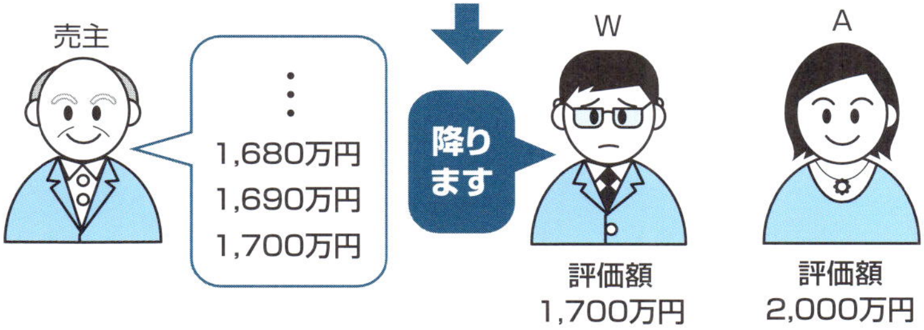

Wは自分の評価額1,700万円で「競り」から降りる

以上から次のようなことがわかる

- **財の評価額が1番高い者が財を手に入れる（総余剰を最大にする取引）**
- **財の売買価格は、1番高い評価額に関係なく、2番目に高い評価額（付近）となる**

競争入札
劣位な戦略の繰返し削除

●封印入札は同時ゲーム

競りのような公開オークションが交互ゲームであるのに対し、封印入札は同時ゲームとして表現できます。ここで入札の最低額は1,500万円であるとし、ＷとＡは1,500万円から100万円刻みで入札金額を選択できるとします。利得行列は右ページのようになります。例えば、Ｗが1,600万円、Ａが1,800万円を入札した場合、落札したＡは利得が200万円、落札できなかったＷは利得が０になります。問題は同額を入札したときですが、このときはくじ引きで１/２の確率で落札できることとします。したがって、利得の期待値は落札した余剰の半分になると考えます。

●劣位な戦略とは

さて、このゲームでは**「劣《れつ》位《い》な戦略《せんりゃく》の繰返《くりかえ》し削除《さくじょ》」**という考え方でゲームの解を求めていくことにします。まず、Ｗの1,600万円と1,700万円以上の入札を比較してみましょう。1,600万円では利得は常に０か正です。1,700万円以上では、落札しても利得は０か負、落札しなければ利得は０です。したがって、相手のＡがどんな入札をしても1,700万円以上を入札することは、1,600万円を入札するよりも必ず「同じか劣って」います。このようなＷの1,700万円以上の戦略は、1,600万円に比べ**劣位な戦略**であるといいます。

絶対優位な戦略があればそれを必ず用いるのと同様に、プレイヤーは劣位な戦略は用いるべきではありませんし、用いることはないでしょう。このことより２人の劣位な戦略（評価額以上と最低額の入札）を利得行列より削除し、利得行列を作り直します。

劣位な戦略＝支配される戦略

WとAにとって最低額を入札することは、1つ上の入札より「同じか悪い」利得となる

Aにとっても評価額2,000万円以上の入札は、1,900万円の入札に比べて「同じか悪い」利得となる

競争入札の利得行列

W＼A	1,500	1,600	1,700	1,800	1,900	2,000	2,100
1,500	(100, 250)	(0, 400)	(0, 300)	(0, 200)	(0, 100)	(0, 0)	(0, −100)
1,600	(100, 0)	(50, 200)	(0, 300)	(0, 200)	(0, 100)	(0, 0)	(0, −100)
1,700	(0, 0)	(0, 0)	(0, 150)	(0, 200)	(0, 100)	(0, 0)	(0, −100)
1,800	(−100, 0)	(−100, 0)	(−100, 0)	(−50, 100)	(0, 100)	(0, 0)	(0, −100)
1,900	(−200, 0)	(−200, 0)	(−200, 0)	(−200, 0)	(−100, 50)	(0, 0)	(0, −100)
2,000	(−300, 0)	(−300, 0)	(−300, 0)	(−300, 0)	(−300, 0)	(−150, 0)	(0, −100)
2,100	(−400, 0)	(−400, 0)	(−400, 0)	(−400, 0)	(−400, 0)	(−400, 0)	(−200, −50)

Wにとって評価額1,700万円以上を入札することは、1,600万円を入札するのに比べて「同じか悪い」利得となる

劣位な戦略

ある戦略が、他のプレイヤーのすべての戦略に対して、もう1つの戦略より「同じ」か「悪い」利得を与える場合、その戦略は劣位な戦略と呼ばれる

KEY WORD

競争入札のゲームの解

●劣位な戦略の繰返し削除

さて劣位な戦略を削除すると、Ｗの戦略は1,600万円しかなくなります。こうなるとＡにとって1,700万円以外の戦略は（1,700万円に比べて）劣位な戦略となります。したがって、Ａは1,700万円以外の戦略（1,800万円、1,900万円、2,000万円）を用いないでしょう。この考え方を**劣位な戦略の繰返し削除**といいます。かくして、Ｗは1,600万円、Ａが1,700万円の入札を行うというこのゲームの解を得ることができます。このゲームの解は、元のゲームのナッシュ均衡になっています。劣位な戦略の繰返し削除の考え方は、ナッシュ均衡をプレイするまでに２人のプレイヤーがたどり着く、１つの思考プロセスを表現したものということができます。

●競りと同じ結果

このように封印入札のゲームの解は「１番評価額の高い者に財が渡り、落札価格は２番目に高い評価額となる」という結果になります。驚くべきことに104ページの競りとほぼ同じ結果です。

封印入札の戦略的行動のエッセンスは、この同時ゲームで理解できました。しかし、この同時ゲームではお互いの評価額がわかっていると考えています。一般に、オークションでは相手の評価額がわからず、それを推測することになり、この推測がどのように行われるかが、封印入札を考える重要な点になります。残念ながらこの点を考慮すると、理論は難しくなります。相手の評価額がわからない場合は、いくつかの仮定のもとで、２番目に高い評価額が落札額の期待値になるという結果だけを記しておきましょう。

劣位な戦略を削除する

W、Aどちらも劣位な戦略を用いることはない

前項の表から劣位な戦略を削除してみると次のような利得行列を書くことができる

前項の表から「劣位な戦略」を削除した利得行列

W \ A	1,600	1,700	1,800	1,900
1,600	(50, 200)	(0, 300)	(0, 200)	(0, 100)

この利得行列では、Aにとって、1,600, 1,800, 1,900は新たに劣位戦略となる

**結果・・・
Wは1,600万円、Aは1,700万円を入札**

この結果は、104ページの競りによる結果とほとんど同じである

KEY WORD

インターネットオークションと自動入札方式

●インターネットオークション

インターネットオークションの出現は、それまでのオークション環境を劇的に変化させ、オークションを身近なものにしました。ネットオークションで自分の必要なものを買い、不要になったものを売る人はかなりいますし、電子商取引《でんししょうとりひき》やビジネスにおいても、ネットオークションは重要なモデルです。

オークションがまさに「市場」を具現化《ぐげんか》したものというこれまでの説明からも、この理由も容易に理解できると思います。

ネットオークションは、「より評価の高い者に財が渡る」というオークションの目的を強く実感させてくれる制度です。オークションの最後は、このネットオークションを分析してみます。

●自動入札制度とそのしくみ

日本のネットオークションの最大手であるYahoo！オークションは、**自動入札方式**《じどうにゅうさつほうしき》という優れたオークション方式を導入しています。自動入札方式では、画面に「最高額入札者」と「現在の価格」が表示されます。しかし最高額入札者の入札額は隠されており、「現在の価格」に表示されるのは最高入札額自体ではありません。

新しい入札がなされた場合、もし新入札額が（隠された）現在の最高額より低ければ、最高額入札者はそのままで、現在の価格は新入札額の１単位上に自動的に（即座に）更新されます。一方、新入札額が現在の最高額より高ければ、最高額入札者は新入札者になり、現在の価格はそれまでの最高入札額の１単位上に更新されます（なお、新入札額が最高入札額と同額の場合は、先の入札者が最高額入札者となり、現在の価格はその最高額となります）。

インターネットオークション

インターネットオークションの最大手、Yahoo！オークションの自動入札方式について見てみよう

自動入札方式

①売主が開始価格1,500円でオークション開始

現在の価格：1,500円
最高額入札者：まだ入札されていません

②Wさんが1,700円を入札

➡1,500円が、現在の価格となる（入札単位は10円とする）

現在の価格：1,500円
最高額入札者：Wさん

③Sさんがこれを見て1,550円を入札

➡自動的に新入札額の1単位上に現在の価格が更新される（落札権はまだWさんに）

現在の価格：1,560円
最高額入札者：Wさん

④Aさんが2,000円を入札

➡最高額入札者はAさんに。価格はそれまでの最高入札額の1単位上に更新される

現在の価格：1,710円
最高額入札者：Aさん

落札時には、価格はそれまでの入札の中で2番目に高い価格となる

セカンドプライスオークション

●自動入札方式とセカンドプライスオークション

自動入札方式は、最終的には最高額の入札者が、２番目に高い入札額の１単位上の価格で落札することになり、封印入札のセカンドプライスオークション（最高額入札者が２番目に高い価格で落札）とほとんど同じと考えられます。そこで、セカンドプライスオークションを同時ゲームで分析することで、自動入札方式の分析と考えることにしましょう（右図）。

セカンドプライスオークションでは、自分の評価額を入札する戦略が、他の戦略よりすべての場合に「良い」か「同じ」になっています。したがって、他の戦略は劣位な戦略となって削除され、皆が自分の評価額を入札することが、ゲームの解となります。

このように自動入札方式では、自分の評価額を正しく見積れば、１回だけその金額を入札すれば良いことがわかります。もっとも、他者の入札額を見て、自分の評価額（許容額《きょようがく》）が変化（上昇）してしまうので、実際には何度も入札し直す人も多いようです。

●ゲーム理論によるオークション分析のまとめ

さて、これまで見てきたすべてのオークションは、評価額が１番高い者に財を売ることを保証し、総余剰を最大にすることがわかりました。オークションには高く売るだけではなく、このような経済学的な良い性質があり、公的分野（公有地《こうゆうち》の売却、国債《こくさい》、周波数）でもその導入がなされて、注目されています。すべてのオークションが２番目に高い評価額（付近）で価格が決まるというゲーム理論の結果も、おもしろい結果です。

セカンドプライスオークションの利得行列

Wの評価額1,700万円　Aの評価額2,000万円

W＼A	1,500	1,600	1,700	1,800	1,900	2,000	2,100
1,600	(200, 0)	(50, 200)	(0, 400)	(0, 400)	(0, 400)	(0, 400)	(0, 400)
1,700	(200, 0)	(100, 0)	(0, 150)	(0, 300)	(0, 300)	(0, 300)	(0, 300)
1,800	(200, 0)	(100, 0)	(0, 0)	(−50, 100)	(0, 200)	(0, 200)	(0, 200)

※利得の単位は万円。同額の場合は確率1/2で落札できる

Wは自分の評価額（1,700万円）を入札することが良い戦略

- **評価額より小さい入札（例えば1,600）では？**
  ➡相手がその額より小さい入札（1,500以下）をした場合は同じ結果だが、相手がその額以上の入札（1,600以上）をした場合は、落札できる可能性が減ってしまう
- **評価額より大きい入札（例えば1,800）では？**
  ➡相手が自分の評価額以下の入札（1,700以下）をした場合は同じ結果（相手の入札額が落札結果）だが、相手が自分の評価額より大きい入札（1,800以上）をした場合は、落札できない（同じ結果）か、評価額以上で落札（悪い結果）となる

以上から、WもAも自分の評価額以外の入札は劣位な戦略となり、用いられることはないのだ

囚人のジレンマ 2国の環境汚染を例に

●環境問題から町内会の問題まで

ゲーム理論の応用としてもっとも有名なものは、**囚人《しゅうじん》のジレンマ**や**社会的ジレンマ**と呼ばれるゲームです。このゲームは、地球温暖化を含む環境問題・軍拡競争・渋滞などの社会問題から、激安競争などのビジネス、町内会やマンションの管理組合などの身近な問題 にまで、あらゆるところに現れる問題といえます。ここでは以下の２国間の環境汚染と規制の例を用いて、この「囚人のジレンマ」について考えていきます。

●2国間の湖水汚染と経済負担のジレンマ

大きな湖をはさむ２つの小国、A国とB国は湖水を汲《く》み上げて国の基幹産業《きかんさんぎょう》に利用しています。近年、両国の排水が湖水を汚し、環境破壊のみならず産業自体にも悪影響を与えており、浄化基準を強化することが両国に求められています。しかし、一方の国のみが浄化基準を強化すれば、もう一方の国は基準を現在のままでも湖水の水質は十分なレベルに保てるということがわかっており、２国は協力するかどうかのジレンマに陥っています。浄化基準の強化は、各国の産業に大きな費用負担を強いることになります。このための費用を研究開発や設備投資に使うならば、自国産業の国際競争力は相手国を凌《しの》ぎ、自国に利益を、相手国に損失をもたらすことになります。

このような背景から、両国が基準強化に協力したときと、しないときの10年間の経済損益が、右に示すシナリオで表わされるとします。両国はこの状況を熟知しているものとすると、どのような決定を行うべきでしょうか？

A国とB国のジレンマ

囚人のジレンマ → ゲーム理論のもっとも有名な例。地球温暖化、環境問題、軍拡競争、渋滞、町内会の役員、いじめ等々

各国の行動	今後10年間の両国の経済損益
両国が浄化基準の強化に協力	両国とも相当の費用を負担するが、産業の国際競争力は同じで汚染問題は解決するため、3億ドン（ドンは両国の通貨単位）の利益
一方の国が浄化基準の強化に協力し、他方の国は協力しない	協力した国は相当の費用を負担し、かつ産業面でも国際競争に負けるため10億ドンの損失。一方、協力しない国は費用負担なく国際競争力を強化でき、6億ドンの利益
両国が協力しない	両国の産業の国際競争力は同じであるが、汚染問題は解決しないため、5億ドンの損失

KEY WORD

囚人のジレンマの由来

●「協力しない」が支配戦略

まずA国の立場で考えてみましょう。B国が排水規制に協力するならば、A国は協力する（利得3）より協力しない（利得6）ことが良い選択です。一方、B国が協力しないとしても、やはりA国は協力する（利得−10）より協力しない（利得−5）ことが良い選択です。したがって「協力しない」がA国の絶対優位な支配戦略となります。同様にB国も「協力しない」が支配戦略となり、両国がともに協力しないことがゲームの解となります。

しかし、2国が協力しないという結果は、2国が協力した結果よりも悪い結果を生みます。支配戦略を選択するというお互いが合理的に行動した結果が、2人にとって非合理な結果を生む。これが「ジレンマ」と呼ばれる所以です。数学者A.タッカーがこのゲームを説明するために以下のような寓話《ぐうわ》を用いたので、このゲームは「囚人のジレンマ」と呼ばれるようになりました。

●「囚人のジレンマ」のおはなし

今、重罪を犯した2人の人間が別件の軽微《けいび》な罪で逮捕され、自白を迫られています。2人は警察に「もし相手が黙秘《もくひ》し、お前だけが自白したなら無罪にしてやろう」と取引をもちかけられています。もし1人が黙秘し、1人が自白したならば、自白したほうは釈放《しゃくほう》、黙秘したほうは懲役25年となります。ただしともに自白した場合は懲役5年であるとしましょう。またともに黙秘した場合は、軽微な罪しか問えないので懲役1年であるとします。

この寓話では、お互いに自白することが支配戦略となりますが、その結果はお互いが黙秘するよりも悪くなります。

「囚人のジレンマ」の由来

〈2国のジレンマの利得行列〉

A \ B	協力する	協力しない
協力する	(3, 3)	(−10, 6)
協力しない	(6, −10)	(−5, −5)

※利得の単位は億ドン

・相手が「協力する」の場合、自分は「協力しない」のほうが良い
・相手が「協力しない」の場合、自分は「協力しない」のほうが良い

↓

「協力しない」が2国の支配戦略

↓

しかし、その結果は2国が協力するより悪い

↓ このジレンマの代表例が下の「囚人のジレンマ」

〈囚人のジレンマ〉

・自分だけが自白すれば無罪
・相手だけが自白すれば懲役25年
・2人とも黙秘すれば懲役1年
・2人とも自白すれば懲役5年

囚人1 \ 囚人2	黙秘	自白
黙秘	(−1, −1)	(−25, 0)
自白	(0, −25)	(−5, −5)

※利得は懲役年数をマイナスで表わしたもの

KEY WORD 囚人のジレンマの例

●囚人のジレンマの条件

囚人のジレンマは「相手が協力（黙秘）したときに、自分は協力しない（自白）ほうが良い。だが2人が協力しないと2人が協力するよりも悪い結果を生む」と単純化していわれることがあります。しかし、これだけでは「相手が協力しないときにも、自分は協力しないほうが良い」という条件が抜けています。これらの3つの条件が揃って、ゲームは「囚人のジレンマ」と呼ばれます。

●囚人のジレンマの例－軍拡競争、激安競争、環境問題等々

囚人のジレンマの例は多くあります。1つは軍拡競争です。相手国が軍備拡張しない（協力）なら、自国が拡張すれば（非協力）相手国に優位になる。相手国が軍備拡張するなら、自国も拡張しなければ相手国に負けてしまう。しかし2国とも軍拡した場合は、2国の優劣関係は現在と変わらず軍事費だけが増えてしまいます。

昨今話題となったファーストフードの「激安競争」も囚人のジレンマです。相手が高値なら、自分が安値にすれば客を獲得できます。相手が安値なら、自分も安値でないと客を奪われてしまいます。しかし両方とも安値を付ければ、双方が高値のときと獲得できる客数は同じで、しかも利益は減少してしまいます。

個人が合理的に行動すれば、社会はうまくいく。――「囚人のジレンマ」は、このような素朴な合理性に対する論理的な矛盾を明らかにし、経済学や社会学、哲学、社会心理学に大きな影響を与えました。どうすれば囚人のジレンマは解決できるのでしょうか。これは第4章で考えることにしましょう。

「囚人のジレンマ」はいたる所にある

囚人のジレンマと呼ばれる3条件

①相手が協力したときに、自分は協力しないほうが良い
②相手が協力しないときも、自分は協力しないほうが良い
③しかし2人が協力しないならば、2人が協力するよりも悪い結果になってしまう

囚人のジレンマの例

軍備拡張競争

激安競争

##ハンバーガー
50円
☆☆ハンバーガー
45円

A＼B	縮小	拡張
縮小	(○, ○)	(×, ◎)
拡張	(◎, ×)	(△, △)

##＼☆☆	高値	安値
高値	(○, ○)	(×, ◎)
安値	(◎, ×)	(△, △)

他にも・・・
ゴミ問題、地球温暖化、渋滞、駅前の迷惑駐車、
いじめ、町内会の役員など

では、いったいどうやって
解決すればよいのか？
次章で考えてみよう

COLUMN

チェスや将棋に必勝法はあるか　PART1

ゲーム理論を研究しているというと「チェスや将棋の研究をしているのか」とよく聞かれます。近年は、チェスの世界チャンピオンを負かすコンピュータのソフトウエアが話題になったりしているので、そのような印象を持つ方も多いようです。

チェス・将棋・オセロ・囲碁などのゲームは、すべて交互ゲームであり、ゲームの木で表現することができます。したがって、もし「ゲームに終わりがあれば」先読みで後ろから解くこと（バックワードインダクション）により、理論的にはゲームの解を求めることができます。

現実には、これらはゲームの木が大き過ぎて厳密な解を求められません。例えば、将棋では、最初に先手が指すことができる手は30通りほど存在します。仮に先手と後手に30通りずつ指せる可能性があったならば、開始から2手だけで30^2＝900通りの可能性があります。同様に考えていくと14手で30^{14}となりますが、これは１秒間に１億回の計算ができるコンピュータでも15万年かかることになります。将棋の14手先の可能性をすべて読みきることすら、人類が滅亡する前にできるかどうかわかりません。

したがってチェスや将棋のソフトでは、すべての手を読みきるのではなく、明らかに不必要と思われる手などを削除しながら、何手か先までを読んで、駒数や情勢から、近似的に良い答えを出し、最善の手を選びます。また序盤などでは、既に人によって研究されている「定石」などの「データベース」をうまく使いプレイを進めてゆきます。何手か先まで読んだときに、情勢をどう判断するか、などがプログラムの鍵になります。

コンピュータに、このような知恵をどのように入れてソフトウエアを作るのか？興味あるこの問題はゲーム理論の研究者ではなく、むしろ人工知能や情報科学の研究者達によって行われています。これらの研究成果から、現在はチェスとオセロでは人間の世界チャンピオンを破るソフトが作られています。将棋はプロの棋士には負けることが多いようですが、アマの最上級程度にはなってきており、やがては人間に勝つソフトが作られるのではないかといわれています。これに対し、囲碁はまだ研究も進んでおらず、強いソフトができるのはまだまだ先であるといわれています。

ところでこれらのゲームは、「理論的」には本当に解があるのでしょうか。これについては、また後ほど考えてみたいと思います。

第4章

少し高度なゲーム理論の
戦略的思考法

個人が合理的に行動してもその結果が全体として合理的にならない「囚人のジレンマ」は、現代社会が抱えるさまざまな難問の本質であることが多いようです。こういった難問を解くにはどうしたらいいか、本章ではこれまで解説したゲーム理論の考えをさらに進めてさらに複雑なゲームを解いていくことにしましょう。同時ゲームと交互ゲームが混合したゲーム、同じ同時ゲームを繰り返す繰返しゲームなどが出てきますが、ゆっくりと読み進めればさほど難しくはないはずです。また、最後には、スポーツ競技でもゲーム理論がアプローチすることで有効な戦略を立てられることを解説しました。

●この章のキーワード

部分ゲーム
循環多数決
戦略的投票
交互提案ゲーム
繰り返しゲーム
トリガー戦略
フォーク定理
オウム返し戦略
混合戦略
ミニマックス戦略
ゼロサムゲーム

交互ゲームと同時ゲームの混合形

●もう少し先のゲーム理論

前章までは、ゲーム理論の１番の基本である２人プレイヤーの同時ゲームと交互ゲームだけを使って、いくつか話題とキーワードを解説しました。第４章では、もう少し先の理論と応用について説明したいと思います。

●囚人のジレンマに対する１つの解決法

前章の最後では、個人が合理的に行動しても、その結果が全体として合理的にならない「囚人のジレンマ」について説明しました。囚人のジレンマはどうすれば解決するのでしょうか？　１つの方法は、非協力的な行為に対して罰則や報復を与える協定《きょうてい》や契約を、事前に結ぶという方法があります。

第３章114ページの２国のジレンマでこれを考えてみましょう。ここでお互いに環境に対する監視団を相手国へ送り、もし基準が守られていない場合は、相手国に９億ドンを支払う協定を提案するとします。問題はこの協定に２国が合意するかどうかです。

そこでこの提案に対し、まずＡ国が合意するかどうかを決め、その次にB国が協定に合意するかどうかを決めるとしましょう。２国が合意したときのみ協定は成立し、１国のみの合意では成立しないとします。

この状況は、今までの２国のジレンマが、新しいゲームに変わることを意味します。新しいゲームは、交互ゲームと同時ゲームを混合した形です。では、ゲームの解はどのように求められるのでしょうか？

「囚人のジレンマの解決法の1つ＝ルールを変える

囚人のジレンマ → 個人が合理的に行動しても、全体としては非合理的な結果となる

1つの解決法として「非協力的な行為には、罰則や制裁を行うように、あらかじめ当事者間で協定や契約を結んでおく」というものがある

2国のジレンマ

〈もとのゲーム〉

A国＼B国	協力	非協力
協力	(3, 3)	(−10, 6)
非協力	(6, −10)	(−5, −5)

「監視団を送り合い、非協力的な行動をとった場合は罰則9（億ドン）を相手に払う」というルールを作り、ゲームを変える。すると…

〈新しいゲーム〉

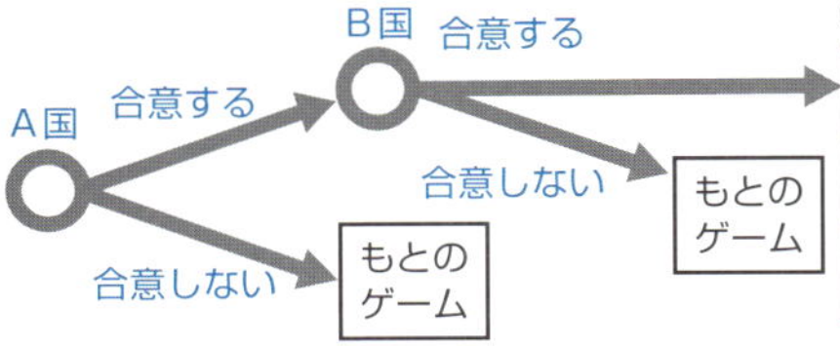

（協定後のゲーム）

A国＼B国	協力	非協力
協力	(3, 3)	(−1, −3)
非協力	(−3, −1)	(−5, −5)

- **双方が協力する**
  罰金は発生しないので利得は3のまま
- **一方が協力し、もう一方が協力しない**
  協力した国：−10＋9＝−1　協力しない国：6−9＝−3
- **双方が協力しない**
  お互いに9を払い合うので利得は−5のまま

部分ゲームと部分ゲーム完全均衡

●ゲームの解の基本は「先読み」

交互ゲームと同時ゲームを混合した形でも、ゲームの解を求める原理は同じです。各プレイヤーは起きる結果を先読みして、最良の選択を行います。したがって、時間的に後の結果からさかのぼって解を求めていけばよいのです。

このゲームでは、まず両国が協定に同意した場合における協定後の同時ゲーム、及びどちらかの国が同意しない場合における同時ゲームの結果を先に考えます。これらの3つの同時ゲームは全体のゲームの部分でありながら、1つのゲームになっているので**部分ゲーム**と呼ばれます。

まず、両国が協定に合意した場合の同時ゲーム（部分ゲーム）を考えてみます。この場合は、「協力しない」を選択すると違約金《いやくきん》（9億ドン）を払うことから、2国とも「協力する」が支配戦略となり、これが部分ゲームの解となります。また、A国あるいはB国が同意しない場合の2つの同時ゲームは、本来の2国のジレンマそのものですから、2国とも「協力しない」が、この部分ゲームの結果となります。

この同時ゲームの結果を「先読み」すれば、両国とも協定に同意することが全体のゲームの結果となります。

このように交互ゲームや同時ゲームが混合された形では、部分ゲームを独立したゲームと考えて、ゲームの解を求めます。交互ゲームにおけるバックワードインダクションは、実はこの考え方の特殊形であることがわかります。この交互ゲームと同時ゲームを混合したゲームの解を総称して、**部分ゲーム完全均衡《かんぜんきんこう》**と呼びます。

「部分ゲーム」を先読みする

交互ゲームと同時ゲームの混合形 → やはり先読みで解く

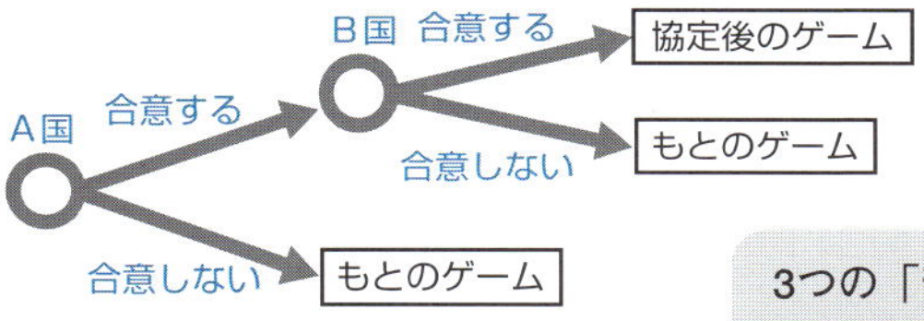

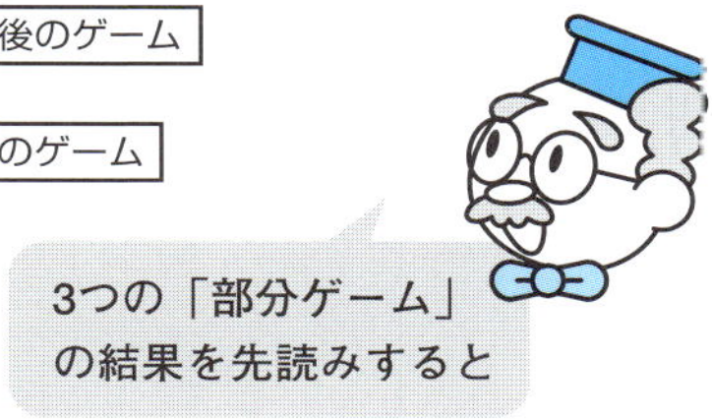

〈協定後のゲーム〉

A国＼B国	協力	非協力
協力	(3, 3)	(−1, −3)
非協力	(−3, −1)	(−5, −5)

両国とも「協力」が支配戦略。
利得は(3, 3)(囚人のジレンマは回避)

〈もとのゲーム〉

A国＼B国	協力	非協力
協力	(3, 3)	(−10, 6)
非協力	(6, −10)	(−5, −5)

両国とも「非協力」が支配戦略。
利得は(−5, −5)(囚人のジレンマ)

部分ゲームを先読みすると

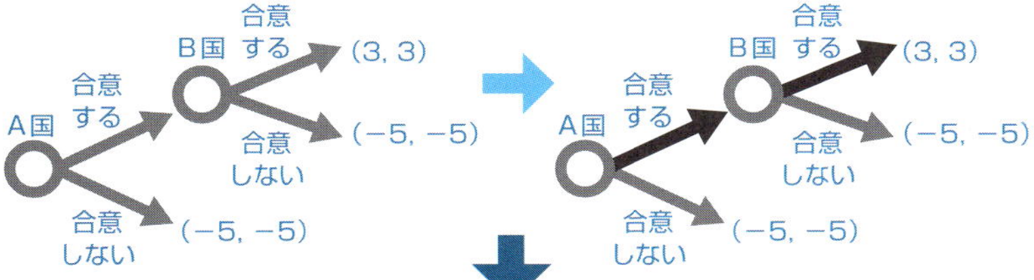

両国とも協定に合意する

ゲームを変えて囚人のジレンマを解決する

●囚人のジレンマを協定や契約で解決する

さて囚人のジレンマは、このように非協力的な行為に対して、罰則や罰金を徴収《ちょうしゅう》する協定や契約をあらかじめ結ぶように「ゲームを変える」ことができれば、解決できることがわかりました。

このような考え方は、「私たちの社会を放置すれば、お互いに争い奪い合って、いたるところに囚人のジレンマが起きてしまうので、お互いの合意で国家や法を作り、罰則や制裁を適用することでジレンマを回避しているのだ」という社会契約論《しゃかいけいやくろん》や法治国家論《ほうちこっかろん》にたどり着きます。このような観点から、ゲーム理論を使った社会契約論や国家論の研究も行われています。

●罰則を適用することができない場合は？

しかし、先の例のような国家間の争いでは、制裁や罰則が必ずしも機能するとは限りません。たとえば、A国が協定を破った場合、果たしてB国は実際に罰金を取ることが可能なのでしょうか。核拡《かくかく》散防止条約《さんぼうしじょうやく》からの北朝鮮の一方的な脱退、地球温暖化に対する京《きょう》都議定書《とぎていしょ》からのアメリカの脱退など、国際問題においては制裁や罰則を加える強い権力がないことが多く、上述の考え方では囚人のジレンマが解決できないことがあります。

また、国内であっても町内会の役員問題、夫婦間の問題など当事者間の事情が法的問題になじまない場合や、ゴミの不法投棄など不当行為に対する監視費用が高い場合には、このような罰則や制裁が必ずしも機能しません。

このような場合に囚人のジレンマはどのように解決できるのか、これについては、さらに後で考えることにします。

制裁や罰則が機能しない場合もある

ゲームを変えて囚人のジレンマを解決する

「万人の万人に
対する闘争」
放っておけば争
いになる

国家によって“囚人のジレンマ”を解決する
➡社会契約論や法治国家論

協定や契約を破ったときの
制裁や罰則が機能しないときは、
このような方法で囚人のジレンマを解決できない

⬇ たとえば

国家間の争い

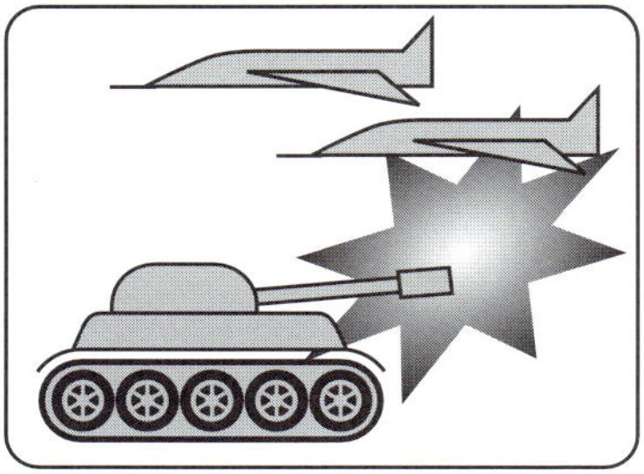

有効な罰則や制裁がない

町内会や環境のジレンマ

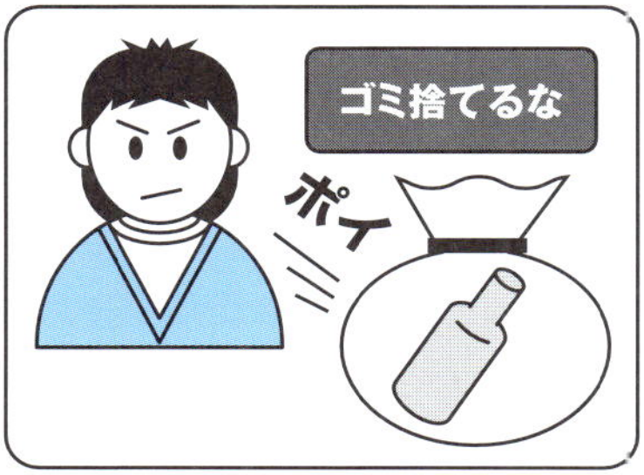
ゴミ捨てるな
ポイ

監視コストが高い
法的問題になじまない

決める順番を考えよ 循環多数決と戦略的投票

●社会選択論と決め方の科学

ゲーム理論と密接な関連をもつ学問に**社会選択論**があります。これは、私たちが物事を決めるときにどのように決めるべきかを考える研究分野です。ここではＪ国という仮想国の国会審議の例を通して、社会選択論の基本的な例である**循環《じゅんかん》多《た》数決《すうけつ》**とゲーム理論の関係について見てみましょう。

●Ｊ国の国会審議

Ｊ国国会は100の議席からなり、自慢党（Ｊ党）45席、光迷党（Ｋ党）20席、民衆党（Ｍ党）35席と、３党が分け合っています。通常はＪ党とＫ党が連立政権を組んでいますが、今回Ｊ党が提出した政治改革法案に対して、Ｋ党はそこに含まれる「政教《せいきょう》分《ぶん》離《り》強化」条項に反対し、案の修正を強く求めています。

Ｊ党は原案の可決を望んでおり、もしどうしてもだめならば修正案とし、廃案は避けたいと考えています。Ｋ党は修正案を望んでおり、もしそうでないなら廃案とし、原案の可決は阻止したい考えです。Ｍ党は、法案には反対で廃案を望んでいますが、通ってしまうのならば政教分離強化を盛り込んだ原案の可決を望み、修正案は避けたいと考えています。

さてＪ党の国対《こくたい》委《い》員長《いんちょう》は審議の順番として、「まず原案可決か廃案かを議決し、可決ならば原案を修正するかどうかを決め、廃案の場合には再度、修正した案で廃案か採択かを審議する」という議決方法を提案しました。これに対し野党Ｍ党は「先に原案か修正案かを決めた後で、その案に対し採択か廃案かを決める」としています。両者の審議《しんぎ》順序《じゅんじょ》に違いはあるのでしょうか。

J国の国家審議

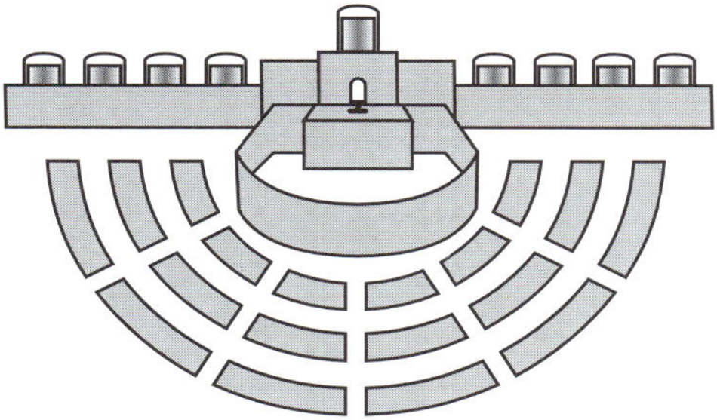

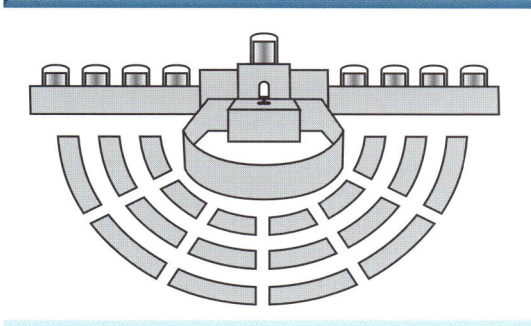

J国の議席数

J党	45
K党	20
M党	35
合計	100

2党が賛成すると
過半数となる

政治改革法案

政教分離条項を加える（原案）？　削除する（修正案）？　否決する（廃棄）？

各党が望む案の順位

	第1位	第2位	第3位
J党	原案	修正案	廃案
K党	修正案	廃案	原案
M党	廃案	原案	修正案

審議の順番

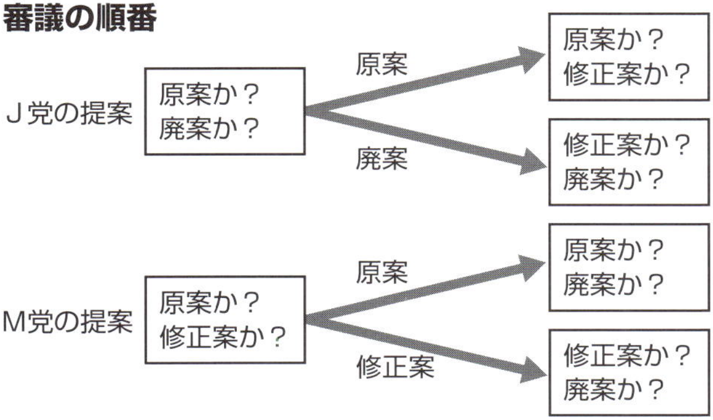

循環多数決

●循環多数決＝コンドルセのパラドックス

この例では各党が好む案に正直に投票すると「原案か廃案か」の多数決では廃案が採択され、「廃案か修正案か」の多数決では修正案が採択されます。これより「修正案か原案か」を多数決で比べると修正案が採択されそうですが、実際には原案が採択されます。この状況を**循環多数決**と呼び、コンドルセという研究者が指摘したことから**コンドルセのパラドックス**とも呼ばれます。

循環多数決の状況では、審議順序によって結果が異なります。Ｊ党とＭ党が提案する２つの決め方に対し、各党は各場面で好む案に「正直に」賛成するとして考えてみましょう。

Ｊ党の提案ではまず「原案か廃案か」を決めるため一旦《いったん》廃案となりますが、次に再度「修正案か廃案か」を審議するため、最終的には修正案が採択されます。一方、Ｍ党の提案では、まず「修正案か原案か」を決めるため原案が採択され、次に原案か廃案かを審議するので廃案となってしまいます。

各党が正直に好むほうの案に賛成するならば、Ｊ党の提案する決め方では修正案、Ｍ党の提案では廃案となってしまいます。これを読んだＫ党はＪ党の決め方に賛成し、Ｍ党の反対の中、Ｊ党の提案で審議をすることになりました。さて、結果は…？

●正直に投票するとは限らない―戦略的投票

審議を開始すると驚くべきことが起きました。最初の「原案か廃案か」を採決する際にＭ党は原案賛成に回ったのです。Ｋ党が呆然とする中、次に原案を修正するかどうかの審議となって、原案がそのまま可決されたのでした！

審議の順番によって結果が変わる

※各党が正直に意思表明した場合

J党が提案した審議順序

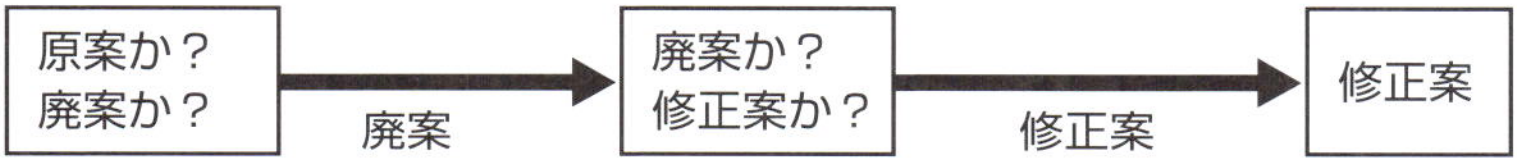

J党：原案に賛成
K・M党：廃案に賛成

J・K党：修正案に賛成
M党：廃案に賛成

M党が提案した審議順序

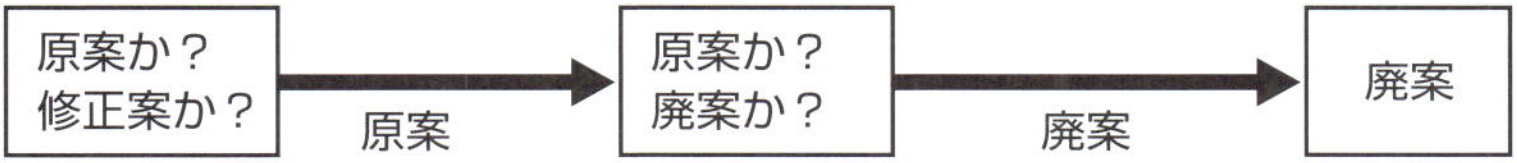

J・M党：原案に賛成
K党：修正案に賛成

J党：原案に賛成
K・M党：廃案に賛成

循環多数決 ⇒ 多数決で過半数を取る案が循環する（コンドルセのパラドックス）

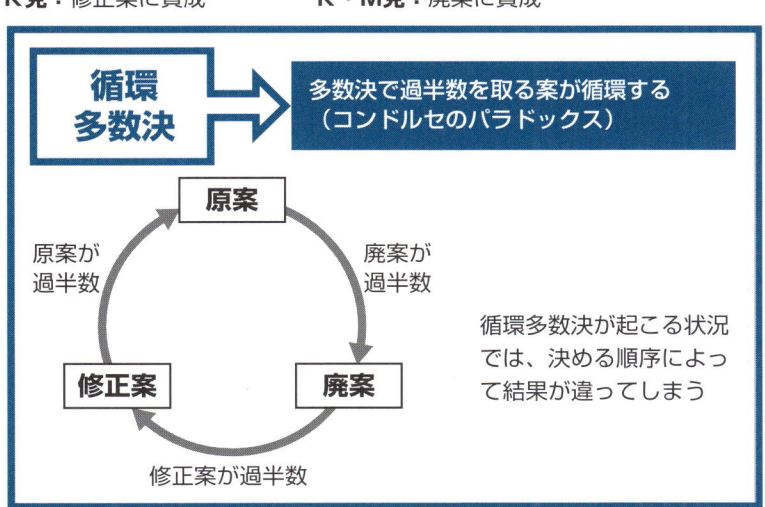

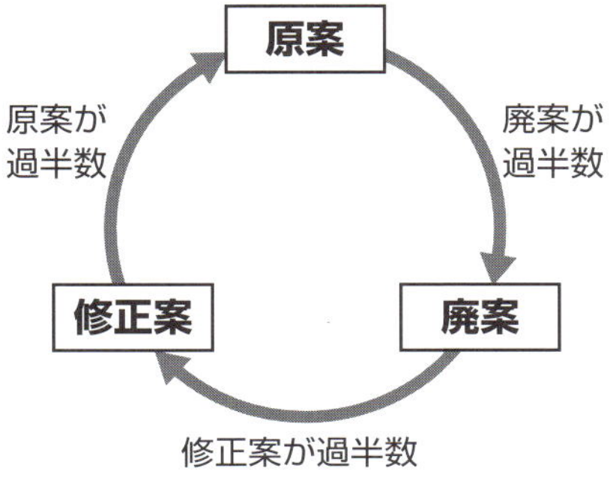

循環多数決が起こる状況では、決める順序によって結果が違ってしまう

戦略的投票ゲーム

●戦略的投票ゲーム―ゲーム理論で考える

なぜM党は、原案より廃案を好んでいるにも関わらず、最初に原案賛成に回ったのでしょうか？　Ｊ党提案の審議順序をゲーム理論で考察してみます。

戦略的投票ゲームと呼ばれるこのゲームも、同時ゲームと交互ゲームの混合形になり、「先読み」によって解くことになります。そこでまず、第２段階の「原案か修正案か」「修正案か廃案か」の２つの同時ゲーム（部分ゲーム）の結果について考えてみます。

●第2段階では正直に賛成。しかし第１段階では？

第２段階で各党は、好まない案に投票することは、好む案に賛成するより「劣位な戦略」となります。したがって第２段階では、すべてのプレイヤーは劣位戦略を用いず、正直に自分の好む案に賛成します。この結果、第２段階は「原案か修正案か」では原案に、「修正案か廃案か」では修正案になります。第２段階の結果は、各党の希望を正直に反映した結果となります。

問題は第１段階のゲームでこの結果を先読みすると、どうなるかです。第１段階の「原案か廃案か」を採決する際に、原案が採択されれば、第２段階でもそのまま原案が採択されますが、廃案となれば、第２段階では結果的に修正案が通ります。このことから、第１段階での「原案か廃案か」の選択は、「原案か修正案か」の選択と同じになり、Ｊ党とM党は原案、Ｋ党は修正案を選びます。したがって、第１段階でM党は実際の党の希望と異なり「原案」の賛成に回ることになったのです。Ｊ党は、このような戦略的思考から審議順序を提案したのでした。

M党の戦略的投票

J党が提案した審議順序をゲーム理論で解く

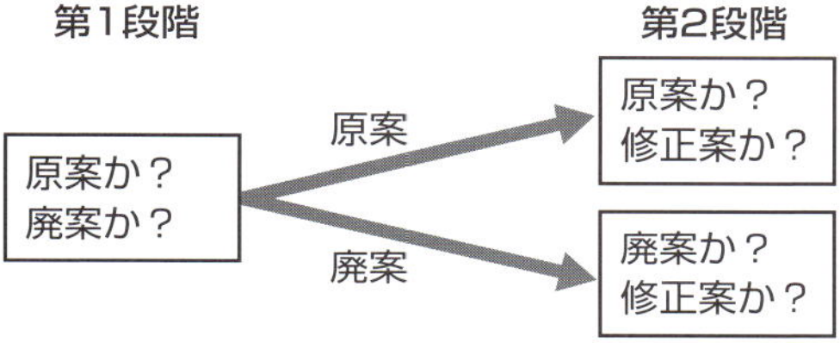

第2段階では

ケース1：自党以外の2党が、1つの案に賛成しているとき
➡自党はどちらに賛成しても同じ結果

ケース2：自党以外の2党が、別々の案に賛成しているとき
➡自党は自分の好む案に賛成すれば、それを可決できる

> 自党の好む案に賛成することは、どんなときにも「悪くない」戦略
> （好まない案に賛成することは劣位な戦略）
> ⬇
> 各党は自党の好む案に正直に賛成する

第2段階の結果を「先読み」する

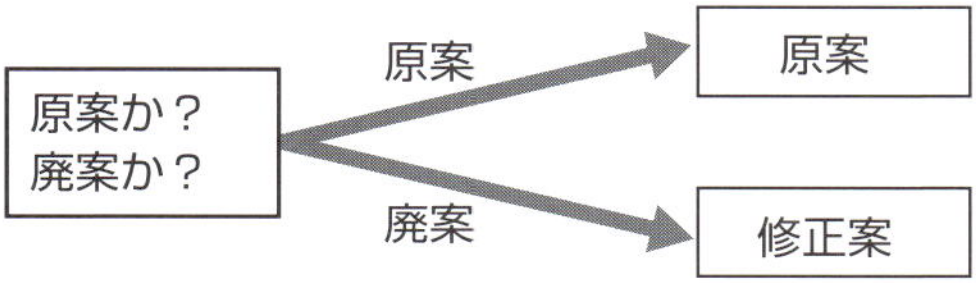

第1段階は

「原案 vs. 廃案」ではなく、「原案 vs. 修正案」

J・M党：原案＞修正案➡「原案」に賛成

K党：修正案＞原案➡「廃案」に賛成

M党は「原案」に賛成し、最終的にも原案が採択される

現在の1万円と1年後の1万円の価値

●ファイナンス理論での将来のお金と現在のお金の価値

企業財務《きぎょうざいむ》やお金の流れを扱う**ファイナンス理論**は、ゲーム理論とともに近年注目されています。その基本に「現在の１万円は将来の１万円より価値が高い」という考え方があります。現在の１万円は運用によって、１年後には１万円以上にすることができます（たとえば、銀行に預けて利子を得る）。この考え方はゲーム理論でも重要な考え方となります。

１万円を１期間運用《うんよう》した収益が100円（１%）期待できる場合、この１%を**期待収益率**《きたいしゅうえきりつ》と呼びます。一般的に、期待収益率を r とするとき、１期間後に a 円は $a(1+r)$ 円となります。２期間後には、これがさらに $1+r$ 倍となるので $a(1+r)^2$ 円（複利計算《ふくりけいさん》）となり、n 期間後には現在の a 円は $a(1+r)^n$ 円となります。

●将来のお金を現在価値にする

この考え方を逆算して、将来のお金を現在の価値に直す式が得られます。期待収益率を１%とするとき、１期間後の10100円は現在の１万円と同じ価値です。一般には期待収益率を r として１期間後の a 円は現在の $a/(1+r)$ 円と等価値となります。これを「a 円の現在価値が $a/(1+r)$ 円である」といいます。

ここで $1/(1+r)$ 円をあらためて D とすると、１期間後の a 円の現在価値は、aD 円として表わすことができます。この D を**割引率**と呼びます。先ほどの計算から２期後の a 円の現在価値は aD^2 円であり、一般に n 期間後の a 円の現在価値は aD^n 円であることがわかります。割引率が小さいほど、将来価値の現在への割引が大きくなることに注意してください。

今日の1万円＞将来の1万円

ファイナンス理論でのもっとも基本的な考え方

「今日の1万円は将来の1万円よりも価値が高い」

10,000円を1期間運用して1％（100円）の収益が期待できるとき → 1％を期待収益率と呼ぶ

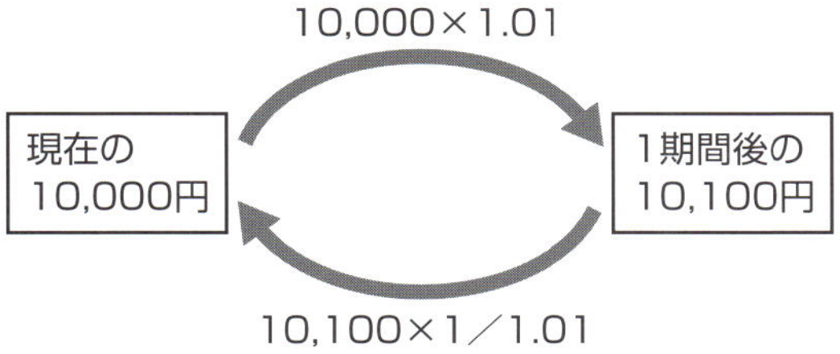

期待収益率をｒとすると

現在のａ円 ＝（同じ価値）1期間後の（1＋ｒ）ａ円

1期間後のｘ円 ＝（同じ価値）現在の $\left(\frac{1}{1+r}\right)$ ｘ円

$\frac{1}{1+r}$ ＝Ｄとおいて Ｄを割引率とすると

現在のａ円
‖同じ価値
1期後のａ（1＋ｒ）円
‖同じ価値
2期後のａ $(1+r)^2$ 円
⋮
‖同じ価値
ｎ期後のａ $(1+r)^n$ 円

	現在の価値
1期後のｘ円 →	ｘＤ円
2期後のｘ円 →	ｘ D^2 円
ｎ期後のｘ円 →	ｘ D^n 円
⋮	
Ｄが小さい →	将来の価値への割引が大きい

割引率と交渉力

●利得の時間割引と交互提案ゲーム

前章で最後通牒権と交渉について考えましたが、一般には、１度の提案（最後通牒）とその諾否《だくひ》で交渉が終わるとは考えにくく、何度か提案が繰り返されるであろうと思われます。この場合に交渉力を左右する要因は何でしょう。実は、前項で示した割引率がその要因の１つなのです。

前章92ページの「Ｗと売主の土地売買交渉」のゲームを変形して考えてみましょう。まず、Ｗが売買価格について提案し、売主が承諾すれば交渉が成立するところは同じとします。しかし拒否した場合に交渉は決裂せず、もう１度だけ、今度は売主が売買価格を提案できるとします。ここでＷが承諾すれば交渉は成立ですが、拒否すれば、今度は本当に交渉は決裂します。このゲームは最後通牒ゲームに対し、**交互提案《こうごていあん》ゲーム**と呼ばれます。

交互提案ゲームでは、交渉が遅く決まった場合と早く決まった場合で利得が異なります。前項の考え方から、２回目で交渉が成立した場合の100万円の利得は、１回目の100万円よりも価値が低いと考えられます。ここで双方のプレイヤーの割引率はD＝0.8として考えてみましょう。

●交互提案ゲームを解く—２回目の交渉は？

このゲームは交互ゲームですので、後から解きます。まず２回目の交渉でＷは1,700万円以上であれば拒否、それ未満ならば承諾します。売主はそれを先読みして1,690万円を提案します。よって２回目の交渉は、売主が1,690万円を提案し、Ｗがそれを承諾します。

割引率が交渉力を弱める

Wと売主の土地売買交渉（前章92ページの続き）・・・交互提案の場合

売主の土地評価額：1,500万円
Wの土地評価額：1,700万円

同じ売買価格でも利得の現在価格は、交渉がまとまる時期で異なる

	Wの利得	売主の利得
1期目に1,650万円で売買された場合 ➡	1,700－1,650＝50万円	1,650－1,500＝150万円
2期目に1,650万円で売買された場合（割引率D=0.8のとき）➡	（1,700－1,650）×0.8 ＝40万円	（1,650－1,500）×0.8 ＝120万円

つまり、多少不利な条件でも早く決着したほうが良いのである

交互提案ゲーム ➡ **2段階の交渉（提案は10万円単位）**

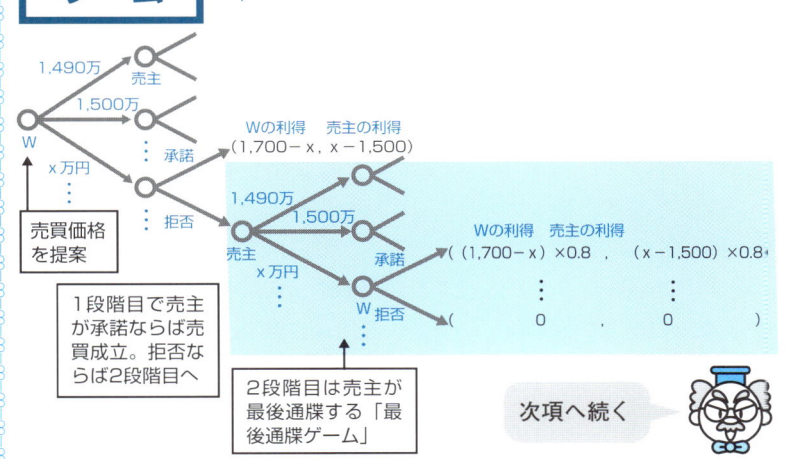

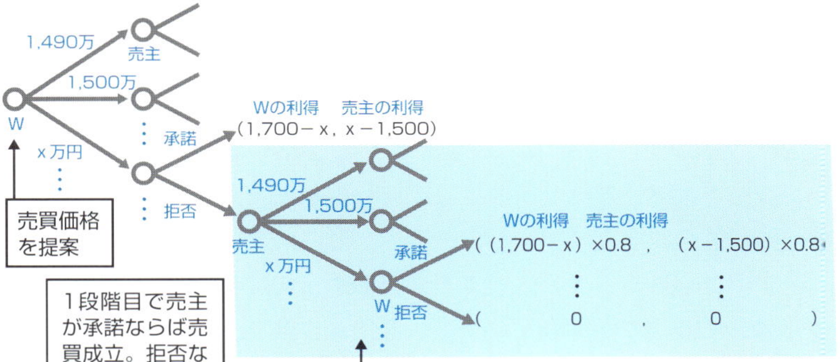

1段階目で売主が承諾ならば売買成立。拒否ならば2段階目へ
2段階目は売主が最後通牒する「最後通牒ゲーム」

次項へ続く

交互提案ゲームにおける交渉力

●交互提案ゲームを解く

２回目の交渉は、売主が最後通牒権をもつ交渉ゲームですので、売主がほとんどの利益を手にできます。これをもとに１回目の交渉を考えてみましょう。売主は、提案を拒否して交渉を２回目にもち越せば1,690万円で売買でき、190万円の利得が手に入ります。しかし、２回目の190万円は１回目の価値に直せば0.8×190＝152万円です。よって、Ｗの提示価格が1,652万円以上であれば承諾し、それ以下ならば拒否して２回目にもち越したほうが良いことになります。Ｗがこれを読めば（交渉単位が10万円なので）、1,660万円の提示が利得を40万円と最大にすることがわかります。よって、この交互提案ゲームは、１回目の交渉でＷが1,660万円を提示し、売主がこれを承諾するという結果になります。

●割引率が低いと早く決着しようと交渉力が弱まる

このゲームは売主が最後通牒権をもっているため、売主に有利なゲームとなっています。しかしここで、売主の割引率をＤ＝0.8からＤ＝0.5まで小さくしてみましょう。この場合は、１回目の交渉でＷが1,600万円を提示し、売主がこれを承諾するという結果になり、売主が最後通牒権をもっているにも関わらず、Ｗと売主の交渉の結果は互角になります。

割引率が小さいということは、将来のお金の価値が現在に比べ大きく減少することを示しています。このようなプレイヤーは、交渉が遅延《ちえん》することを嫌い、早く交渉を終えようと考え、その分（初回の）提案に譲歩《じょうほ》します。したがって割引率が低いと、「辛抱がきかず（忍耐がない）」交渉力が弱くなるのです。

割引率が低いと交渉力が弱まる

前項の交互提案ゲームを解く

2段階目の部分ゲーム（売主が最後通牒、Wが応否）を「先読み」

➡売主が1,690万円を提示、Wが承諾

したがって、売主が拒否して2段階目にもち越せば？

売主の利得（現在価値）：（1,690－1,500）×0.8＝152万円

Wの利得　（現在価値）：（1,700－1,690）×0.8＝8万円

2段階目を「先読み」した1段階目の交渉

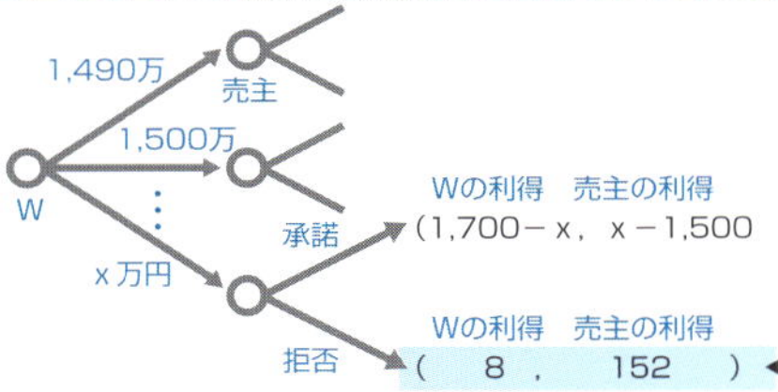

売主はｘ－1,500＞＝152ならば第1段階で承諾し、
ｘ－1,500＜152ならば、第2段階へもち越す
➡売主は1,660万円以上の提示なら応じる

結果　Wが1,660万円を提示し、売主がそれに応じる

売主の割引率が小さい（D＝0.5）と？

売主が拒否して2段階目に交渉を
もち越したときの売主の利得（現在価値）：（1,690－1,500）×0.5＝95万円

結果　Wが1,600万円を提示し、売主がそれに応じる

割引率が小さい ＝ 将来に交渉を長引かせることの損失が大きい

⬇

早く決着を終着させようとして、交渉力が弱まる

繰返しゲーム

●同時ゲームと交互ゲームの究極の混合形

同じ同時ゲームを何度も繰り返し行うゲームを**繰返しゲーム**と呼びます。繰返しゲームは、長期間に渡るプレイヤーの関係を分析するのに良い手法で、代表的なものは囚人のジレンマにおける協力関係の分析です。

囚人のジレンマは、非協力的な行為に対し、第３者（国家や法律）が事前に罰則や罰金を科す協定や契約を結ぶことができれば解決できることはお話ししました。また同時に、このような有効な制裁が難しい国家間の問題や、契約になじまない日々の諸問題などでは、このような解決が不可能であることなども示しました。

地球温暖化、貿易摩擦、職場の協力関係、町内会の問題など、通常、このような形の囚人のジレンマは１度きりで終わるものではなく、長期間に渡り同じ状況に直面しているものです。

ここでは「２国のジレンマ」の繰返しゲームを用いて、この問題を分析してみることにしましょう。

●繰返しゲームの利得

ここまで読まれた方はわかると思いますが、繰返しゲームは第１回、第２回、第３回…と直線状にゲームが並ぶイメージではなく、ゲームの木と同じく各期の選択によって枝分かれをしたイメージで捉えることができます。また、何期にも渡りゲームが続くので、割引率と現在価値の考え方に従って利得を求めます。

繰返しゲームの理論は、ここまで習った理論の集大成《しゅうたいせい》の理論であるといえるでしょう。

繰返しゲームにおける利得

繰り返しゲーム → 同じ同時ゲームを何度も繰り返すゲーム

↓

同じ局面に何度も直面するプレイヤー間の長期的な関係を分析する

囚人のジレンマの繰返しゲーム

囚人のジレンマは長期的な関係によって協力を達成できる可能性がある

2国のジレンマの繰返しゲーム・・・3回繰り返す例

1回目

A国＼B国	協力	非協力
協力	(3, 3)	(−10, 6)
非協力	(6, −10)	(−5, −5)

(協力、協力)
(協力、非協力)
(非協力、協力)
(非協力、非協力)

A国＼B国	協力	非協力
協力	(3, 3)	(−10, 6)
非協力	(6, −10)	(−5, −5)

(協力、協力)
(協力、非協力)
(非協力、協力)
(非協力、非協力)

A国＼B国	協力	非協力
協力	(3, 3)	(−10, 6)
非協力	(6, −10)	(−5, −5)

両国とも起きうるすべての場合について、最適な戦略を考えておく

上図の例での利得の求め方（割引率をDとして）

A国の利得：$-10+6D+3D^2$

B国の利得：$6-10D+3D^2$

134ページで解説したように、利得は現在価値に割り引いて合計する

先読みがある限りは協力できない

●有限の繰返しゲーム

しかし2国のジレンマを何回繰り返しても、単純に解けば結果は「すべての回でお互いが協力しない」となります。2国のジレンマを3回繰り返すゲームでこれを考えてみましょう。

いつものように「先読み」で後から解くことを考えます。2回目までのすべての結果に対応して、1番後（第3回）には16個の部分ゲームがありますが、これらはすべて同じゲームです。ゲームの利得の合計は、既に決まった第2回までの利得にその回（第3回）の部分ゲームの利得を（割り引いて）加えたものですから、各プレイヤーは第3回の部分ゲームでは、第2回までの選択に関係なく、第3回の利得が1番大きくなるように行動します。したがって第3回の部分ゲームは、1回きりのジレンマゲームと同じと考えられ、第2回までの選択に関係なく、お互いが「協力しない」を選択します。

この結果をもとに第2回の部分ゲームを考えます。第3回を「先読み」しても、第2回の選択に関わらず第3回の結果はお互いが「協力しない」と変わりません。したがって、第2回でもその回の利得が1番大きくなるように行動します。したがって、第2回でも第1回の選択に関係なく、お互いが協力しないを選択します。

同じように第1回でもお互いが協力しないを選択し、結果的に「すべての回でお互いが協力しない」となります。

●有限の繰返しゲームでは囚人のジレンマは解決できない

ゲームを何回繰り返しても、有限の繰返しゲームでは、バックワードインダクションで考える限り「すべての回でお互いが協力しない」という結果となり、囚人のジレンマは解決しません。

“有限”では何回繰り返しても同じ

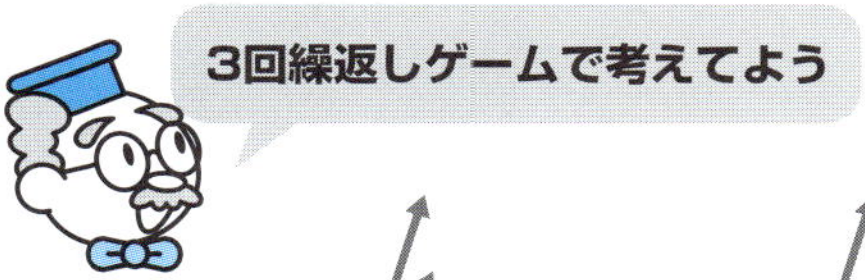
3回繰返しゲームで考えてよう

1回目

A国＼B国	協力	非協力
協力	(3,3)	(−10,6)
非協力	(6,−10)	(−5,−5)

2回目

A国＼B国	協力	非協力
協力	(3,3)	(−10,6)
非協力	(6,−10)	(−5,−5)

3回目

A国＼B国	協力	非協力
協力	(3,3)	(−10,6)
非協力	(6,−10)	(−5,−5)

A国＼B国	協力	非協力
協力	(3,3)	(−10,6)
非協力	(6,−10)	(−5,−5)

A国＼B国	協力	非協力
協力	(3,3)	(−10,6)
非協力	(6,−10)	(−5,−5)

A国＼B国	協力	非協力
協力	(3,3)	(−10,6)
非協力	(6,−10)	(−5,−5)

3回目には16個の部分ゲームがある

各国の利得:（1回目の利得）$+D\times$（2回目の利得）$+D^2\times$（3回目の利得）

3回目の16個の部分ゲーム ➡ 最適な行動は？

→1回目と2回目の結果（利得）は決まっている
→3回目だけの「単独ゲーム」で、できる限り高い利得を得ようとする
→3回目は1回だけの「2国のジレンマ」と同じ→両国とも「非協力」

2回目の4個の部分ゲーム ➡ 最適な行動は？

→1回目の結果は（利得）は決まっている。また3回目の結果を「先読み」しても、どの結果も「両国とも非協力」で同じ
→2回目だけの「単独ゲーム」で、できる限り高い利得を得ようとする
→2回目も両国とも「非協力」

1回目のゲーム

→2回目、3回目の結果を「先読み」しても、どの結果も同じ
→1回目だけのゲームで、できる限り高い利得を得ようとする
→1回目も両国とも「非協力」

1回目、2回目、3回目すべて「両国とも非協力」

⬇

「先読み」する限り、100回でも1,000回でもすべて「両国とも非協力」

「先読み」をしない「無限の」繰返しゲーム

●無限回の繰返しゲーム

バックワードインダクションで「先読み」を続ける限り、囚人のジレンマは解決しません。しかし、繰り返し期間が長いときに、私たちはその終わりから先読みしてさかのぼるようには思考しないでしょう。このような「長い期間」を表現するために、ゲーム理論では**無限回《むげんかい》の繰返しゲーム**というものを考えます。「無限回」は現実には存在しませんが、終わりからさかのぼれないぐらいの「長い期間」を抽象化《ちゅうしょうか》して表現したものと理解できます。

●無限回繰返しゲームの利得

ここで無限回繰返しゲームにおける利得の計算方法について学びましょう。たとえば２国のジレンマの例だと、双方がずっと協力し続けた場合の利得は、無限に３の利得が得られますが、第２回、第３回…の利得は現在価値に直すと、$3D^2$、$3D^3$…となり、その無限級数の和は $3/(1-D)$ となります。また例えば「相手は１回目に協力するが自分は協力せず、２回目以降は双方ともがずっと協力しない」という結果の利得を考えてみましょう。自分の利得は１回目だけ６で、２回目以降が－５です。利得を現在価値に直した合計値は $6-5D/(1-D)$ です。

割引率 $D=0.9$ のとき前者は30で後者は－39ですが、$D=0.2$ のとき前者は3.75で後者は4.75となります。割引率が高ければ、第１回でオイシイ利得を得ても、それ以降ずっと非協力が選ばれ続けてダメージとなりますが、割引率が低ければ、第１回の利得の価値が非常に大きく、第２回以降がずっと低い利得でも、第１回に１度だけオイシイ利得を得たほうが全体の利得は高くなります。

「無限等比級数の和」を求める

無限回繰返しゲーム → 「先読み」ができないくらいの長期間の繰り返しを数学的に表現したものである

無限回繰返しゲームの利得の計算

「無限等比級数の和」　$a + aD + aD^2 + \cdots\cdots = \dfrac{a}{1-D}$

少し複雑だが、この無限級数の和は将来の配当や地代を合計して株価や土地の価格の理論値を出すなど、ファイナンスを中心としたビジネス数学に頻繁に出てくるので覚えておいて損はない

2国のジレンマでの計算例

①両国がずっと「協力」を選んだときの両国の利得

$$3+3D+3D^2+3D^3+\cdots\cdots = \frac{3}{1-D}$$

②1回目でA国が非協力、B国が協力、2回目以降は両国とも「非協力」を選び続ける場合のA国の利得

$$6-5D-5D^2-5D^3\cdots\cdots = 6+\frac{-5D}{1-D} = 6-\frac{5D}{1-D}$$

1回目だけ得をする　2回目以降はずっと損をする

①と②を比較する

$D=0.9$のとき　①$=\dfrac{3}{1-0.9}=30$　②$=6-\dfrac{5\times0.9}{1-0.9}=-39$

1回だけ得をしてもそれ以降の損が続く②の利得は①より小さい

$D=0.2$のとき　①$=\dfrac{3}{1-0.2}=3.75$　②$=6-\dfrac{5\times0.2}{1-0.2}=4.75$

割引率Dが低いと将来の価値が極端に低くなるため、①の利得より1回目に得をする②のほうが利得が大きい

トリガー（引き金）戦略

●無限回繰返しゲームの戦略

無限回の繰返しゲームでの戦略は、各期にそれまでの相手と自分の行動に応じてどのような行動ができるのかを細かく決めることができるため、無限の戦略があります。そこで「第１回は協力し、その後は相手が協力を続ける限りは自分も協力するが、１度でも非協力行動を取れば、その後はいかなるときも協力しない」というシンプルな１つの戦略に着目しましょう。この戦略は、相手が１度でも「協力しない」というトリガー（引き金）を引けば、その後の自分は決して協力しないので**トリガー戦略**と呼ばれます。

ここで「ずっと協力しない」という非協力戦略とトリガー戦略のどちらが良いか比べてみましょう。どちらの戦略を選ぶべきかを最初に決めるとすると、このゲームは同時ゲームであると考えられ、利得行列で表現することができます。

この利得行列では、割引率を0.27以上にすると、お互いがトリガー戦略を取り続けることがナッシュ均衡となることがわかります。相手がトリガー戦略を選択しているとき、こちらが非協力を選択すれば１度だけオイシイ思いができますが、その後は永遠に非協力的な態度を取られます。割引率がかなり低く、第１回の利得が、その後に続く利得の合計価値より高くない限り、こちらもトリガー戦略で「協力し続ける」ことが良い戦略です。ここで「他の戦略」は非協力戦略だけを比べていますが、数学的には他のどんな戦略でも成立することが証明できます（ここでは省略します）。このように２国のジレンマも無限の繰返しゲームでは、トリガー戦略で両国が協力し続けるという結果を得ることができます。

引き金を引くか？　否か？

トリガー戦略（引き金戦略）とは･･･

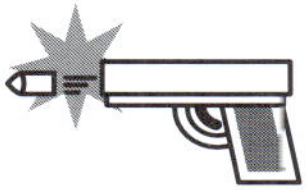

・相手が「協力」し続ける限りは「協力」する
・相手が1度でも「非協力」をとれば、それ以降は永遠に「非協力」

〈「トリガー戦略」とずっと協力しない「非協力戦略」のどちらを選ぶか？〉

トリガー戦略同士では？

→ずっと「協力」

$$3+3D+3D^2+3D^3+\cdots\cdots=\frac{3}{1-D}$$

非協力戦略同士では？

→ずっと「非協力」

$$-5-5D-5D^2-5D^3\cdots\cdots=\frac{-5}{1-D}$$

A国が非協力戦略でB国がトリガー戦略

→1回目のみA国が「非協力」B国が「協力」、2回目以降はずっと「非協力」

A国：$6-5D-5D^2-5D^3\cdots=6-\frac{5D}{1-D}$

B国：$-10-5D-5D^2-5D^3\cdots=-10-\frac{5D}{1-D}$

B国 / A国	トリガー	非協力
トリガー	$\left(\frac{3}{1-D}, \frac{3}{1-D}\right)$	$\left(-10-\frac{5D}{1-D}, 6-\frac{5D}{1-D}\right)$
非協力	$\left(6-\frac{5D}{1-D}, -10-\frac{5D}{1-D}\right)$	$\left(\frac{-5}{1-D}, \frac{-5}{1-D}\right)$

D＝0.9のとき

B国 / A国	トリガー	非協力
トリガー	（30, 30）	（−55, −39）
非協力	（−39, −55）	（−50, −50）

お互いが「トリガー」を選ぶことはナッシュの均衡となり、協力が達成される

協力の達成とフォーク定理

●長期的な見方が協力を達成する

このように2国のジレンマでは、割引率が高ければ、トリガー戦略によって協力を達成できることがわかりました。割引率が高いとは、現在に対する将来の利得の価値をある程度以上高く考えていることを意味します。将来を考えず、現在の利得だけを見る近視眼《きんしがん》的な（割引率が極端に低い）プレイヤーは、それだけ協力の達成が困難になるわけです。

●罰則の役割と重要性

2国のジレンマで、あらかじめお互いが協力する協定や契約を結び、破った場合は「罰則」を加える第3者がいれば、協力が達成されることは以前に示しました。これに対し、長期間にゲームが続く無限の繰返しゲームでは、罰則を加える第3者がいなくとも、「トリガーを引けば永遠に協力しないぞ」という「罰則」をプレイヤー自身が作り出すことができるため、協力が達成できます。裏切りに対する罰則によって協力が達成されるという意味では、この2つは同じ含意《がんい》を示しているともいえます。

●フォーク定理

さて、このしくみを使えば「5回に4回は両国が協力し、残る1回はA国が非協力でB国が協力」（A国が少し得をする）などの複雑な戦略を決め、それを破るとトリガーを引く、という戦略も均衡になります。このようにして無限の繰返しゲームでは、お互いが協力することを含むさまざまな利得を達成できます。この結果は、ゲーム理論研究者の中の民間伝承《みんかんでんしょう》（フォークロア）としてずっと知られていたため、**フォーク定理**と呼ばれています。

「長期的視点」で囚人のジレンマを回避

囚人のジレンマでの協力の達成

- **長期的な視点**･･･一時的な損得より長期的な損得
- **罰則の重要性**･･･プレイヤー自身が作り出す懲罰

一時的に得をしても　その後は争い続ける

ずっと協力し続ける

〈フォーク定理〉

無限の繰返しゲームでは、さまざまな利得が達成される

↓

研究発表されたものではなく、ゲーム理論研究者の間の
民間伝承（フォークロア）として知られていた

↓

フォーク定理

アクセルロッドの実験とオウム返し戦略

●囚人のジレンマを実験する

無限回繰返しの囚人のジレンマにおける「無限」という概念は、終わりからさかのぼって先読みしないほどの長期間を数学的に表わしたものだということは既にお話ししました。実際には、ある「有限」の期間で被験者を使って囚人のジレンマを「実験」すると、人はさまざまな戦略で協力を達成することが知られています。

このような実験の中でもっとも有名なのが、政治学者アクセルロッドが1980年に行った「コンピュータ試合」です。この試合では、14人の参加者が囚人のジレンマを200回繰り返してプレイするコンピュータプログラムを作って総当たりで戦い、どのプログラムの総得点がもっとも高いかを競い合いました。

●オウム返し戦略

プログラムの中には非常に複雑な戦略もありました。しかし、優勝したのはラパポートという研究者が作った最も単純な戦略で、それは「前回に相手が協力したなら協力し、協力しないならば協力しない」という戦略でした。相手の前回の戦略をそっくり真似するこの戦略は、**オウム返し戦略**と呼ばれます。

オウム返し戦略は､協力しない相手に罰則を与えるという点では､トリガー戦略と同じく罰則を有効に使っています。しかし、永遠ではなく、相手が協力に転ずれば自分も協力をするということで、協力関係を誘発《ゆうはつ》して復活させます。そして何よりもシンプルであることが、驚くべきポイントでした。

オウム返し戦略が、囚人のジレンマを解決するもっとも単純で有効な戦略の１つなのです。

単純だけど最強！　オウム返し戦略

アクセルロッドの「囚人のジレンマ試合」

・14人の参加者が囚人のジレンマをプレイするコンピュータプログラムを作成
・200回繰り返しの囚人のジレンマ
・総当たり戦

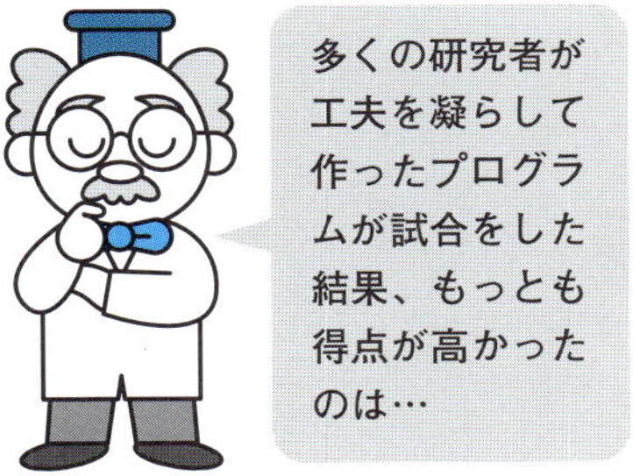
多くの研究者が工夫を凝らして作ったプログラムが試合をした結果、もっとも得点が高かったのは…

➡ **「オウム返し戦略」**
前回の相手の戦略をそっくり真似る

・**その後、200人の参加者が再度、挑戦**
➡やはり「オウム返し戦略」が１番

〈オウム返し戦略の特徴〉

・**罰則を有効に使う**
➡協力しない奴にはしっぺ返し

・**しかし、トリガーのように永遠ではない**
➡協力関係の復活

UNIVERSITY

恨みを根にもつと得はしない!!!

限定合理性と実験経済学

●「先読み」の限界

アクセルロッドの実験は、囚人のジレンマに限らず、ゲーム理論全体にさまざまな示唆を与えました。1つは、ゲーム理論で考えるように「完全な先読み」ができるほど、人は合理的ではないということです（コンピュータでも100回の囚人のジレンマのすべての場合の戦略を考えることは、数が多すぎて不可能です）。

このようなことから人間の合理性を限定し、ゲーム理論を考えていく**限定合《げんていごう》理《り》的《てき》アプローチ**が、近年ゲーム理論の新しい分野として注目されています。

実際の人間の合理性が限定的であることは誰もがわかっています。しかし、どこまで合理的かというと、それは人により状況により異なるでしょう。完全合理的なゲーム理論が常に1つの答えがあるという特徴をもっているのに比べて「状況でいろいろな結果がありうる」では長所が薄れてしまいます。限定合理的アプローチでどのように答えを出していくのか。これから多くの研究が必要です。

●実験経済学

もう1つは、ゲームを実際に人間にプレイさせてみると理論の解と実際に異なる行動を取り、それにはそれなりの理由があるということです。これより、ゲーム理論で得られた結果を被験者に実験させ、その違いをフィードバックして理論を再構築しようという試みも近年は盛んになり、**実験経済学**と呼ばれています。

囚人のジレンマは、この他にも生物学・心理学・社会学・計算機科学などさまざまな分野で、それぞれの視点から膨大な研究が行われています。まさにゲーム理論最大のトピックといえるでしょう。

アクセルロッドの実験が教えてくれるもの

①人間は完全に合理的ではない

・それは「当たり前」
・しかし、ではどこまで合理的かというと、それは人によってまちまち（百人百様の理論）

しかし、それでは統一した理論で説明できるゲーム理論の良さが失われてしまう！　そこで、

完全合理的な理論を基本として、どこを改善すべきかを探っていく

限定合理的アプローチ

1．進化ゲーム理論

高い利得の人の行動をまねするプレイヤー
突然、変わった行動をするプレイヤー
どの戦略が淘《とう》汰《た》されるか？

2．学習理論

3．規範と慣習のゲーム理論

②ゲーム理論に実験を取り入れる

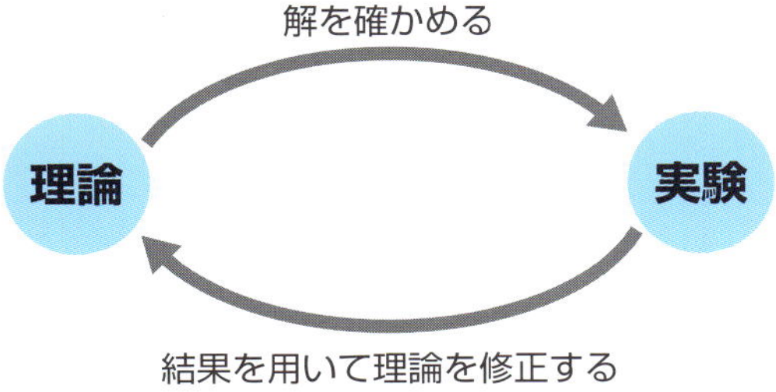

新しい分野の「実験経済学」と呼ばれている

スポーツの戦略とゲーム理論

●スポーツの試合はまさに「ゲーム」

スポーツの試合は、まさに「ゲーム」であり、ゲーム理論による思考が役立つ格好の対象です。多くのスポーツの重要な場面では、戦略としてある種の「賭け」が要求され、これがスポーツ観戦をおもしろくする要素となっています。実はここに、ゲーム理論の本質であり、出発点でもある考え方が含まれています。サッカーのPK戦を例に、これを考えてみましょう。

●サッカーのPK戦

サッカーの試合では、決着がつかないときに、ボールを蹴るプレイヤー（以下「キッカー」）とキーパーが1対1で対決するPK戦が行われます。キッカーは、キーパーが届かないゴールの右端か左端に狙いをつけてボールを蹴りますが、キーパーはそれを見越し、一か八かキックの直後に右か左に動きます。キーパーは蹴られたボールを見てから動くのでは遅いので、事実上、右か左かをキッカーと同時に決めることになります。

この問題を（キッカーから見て）右か左かを戦略とした、同時ゲームを考えてみます。同方向に動いた場合も必ず阻止できるわけではなく、逆に動いた場合も必ずゴールできるわけではありません。そこで、キッカーの利得をゴールする確率とし、キーパーの利得はゴールしない確率とします（したがって、両者の利得を足すと必ず1になります）。

また、今回はキッカーは右側へのシュートが得意であるとして考え、右表のような利得行列で考えてみます。ゲームの解はどうなるでしょうか？

PK戦（サッカー）の同時ゲーム

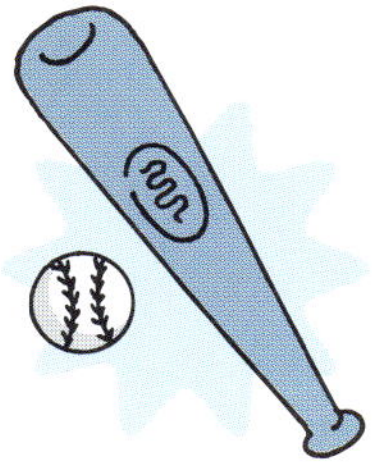

スポーツの試合は、まさに「ゲーム」
戦略として必要なある種の「賭け」

ゲーム理論の本質であり、
出発点でもある考え方が隠されている

《サッカーのPK戦を同時ゲームで考える》

キッカーの
蹴る方向に
跳びたい
キーパーの跳
ぶ方向と逆に
蹴りたい

キーパーの利得
ゴールしない確率
キッカーの利得
ゴールする確率

キッカー＼キーパー	右	左
右	(0.4,0.6)	(0.9,0.1)
左	(0.6,0.4)	(0.3,0.7)

たとえば

キッカーが右に蹴り、キーパーが左に跳ぶと…

ゴールする確率は90%
ゴールしない確率は10%

右へのシュートが得意なキッカーは、
右に蹴るのが得策なのだろうか？

ナッシュ均衡のないゲーム

●ナッシュ均衡の存在しない同時ゲーム

この同時ゲームでは、キーパーが右に跳ぶなら、キッカーは左。キッカーが左を狙うなら、キーパーは左…と、どの戦略の組み合わせも片方のプレイヤーは戦略を変えたほうが良くなります。言い換えると、お互いに戦略を変えても良くならない戦略の組み合わせ、「ナッシュ均衡」は存在しません。今まで学んだゲーム理論では、このゲームは解けないのです。テニスでフォアを狙うか、バックを狙うか。野球で変化球を狙うか、直球を狙うか――。スポーツのゲームにはこのような状況が良く出てきます。

●確率的に戦略を選択する「混合戦略」

実はゲーム理論の創始者のフォン・ノイマンとモルゲンシュテルンが最初に問題としたのは、このような「見かけ上は解がないゲームにどのような解を与えるか」という問題でした。フォン・ノイマンらが考えたこのゲームを解く方法は、戦略を1つに決めず確率的に選ぶという、**混合戦略**の考え方を導入することでした。

戦略を確率的に選ぶある種の「賭け」。これは、それほど不自然なことではありません。この「どの戦略の組み合わせも、片方のプレイヤーが戦略を変えたほうが良くなる」ようなゲームの代表例は、じゃんけんです。じゃんけんに勝つ方法、それはどれかの手を偏って出すのではなく、すべての手を1/3ずつ組み合わせて出すことです。このサッカーのPK戦でも、キーパーもキッカーも右か左かをある確率で選択することが、最適な解となります。

では、どのような確率で選択すれば良いのでしょうか？

ナッシュ均衡の存在しないゲーム!?

キーパー＼キッカー	右	左
右	(0.4,0.6)	(0.9,0.1)
左	(0.6,0.4)	(0.3,0.7)

お互いに同じ方向なら
➡キッカーは戦略を変えたほうが良い

お互いに違う方向なら
➡キーパーは戦略を変えたほうが良い

お互いに戦略を変えても良くならない
||
ナッシュ均衡は存在しない??

《じゃんけんも同じ》

2＼1	グー	チョキ	パー
グー	(0,0)	(+1,−1)	(−1,+1)
チョキ	(−1,+1)	(0,0)	(+1,−1)
パー	(+1,−1)	(−1,+1)	(0,0)

相手がグーなら自分はパー
↓
自分がパーなら相手はチョキ
↓
相手がチョキなら自分はグー
↓
⋮

つまり、
「ナッシュ均衡」
は存在しない

《確率的に戦略を選択する「混合戦略」》

じゃんけんの場合……「グー」を出すなどの確定的な戦略は読み合って行き着く先ではない

ある確率で戦略を選択する「戦略」＝混合戦略
➡じゃんけんは1/3の確率で、グー・チョキ・パーを選択して出す

期待値を考え、ゲームの解を求める

●期待値を利得と考える

確率的に戦略を選択した場合の利得は、その期待値で考えます。ここで、キッカーの立場で考えてみます。相手のキーパーが右に跳ぶ確率をq、左に跳ぶ確率を１－qとすると、キッカーが右に蹴ったときのゴールの期待値は－0.5q＋0.9、左に蹴ったときは0.3q＋0.3となります（右図参照）。たとえばキーパーが右と左に半々で跳ぶ（q＝１/２）ならば、キッカーはどちらに蹴ったほうが良いか考えてみましょう。ゴールの期待値は右に蹴ると0.65、左は0.45ですから、右に蹴ったほうが良いことがわかります。

●どちらか一方に蹴るほうが良いとゲームの解にはならない

ここで大切なことは、キッカーが右と左に蹴ったときのどちらかの期待値が大きいならば、その混合戦略はゲームの解にならないということです。上の例のようにキッカーが右に蹴る期待値が大きければ、キッカーは右に蹴るでしょう。しかし、それをキーパーが読めば、相手と同じ右に（確率１で）跳ぶでしょう。もはやq＝１/２では跳びません。したがって、ゲームの解が「読み合って行き着く先」であるためには、キッカーが右と左に蹴ったときの期待値が同じになる確率でキーパーは跳んでいるはずです。これを計算するとq＝0.75の確率（右に75%、左に25%）でキーパーは跳ぶことになります。キッカーの立場で考えることで、キーパーのゲームの解を求めることができるところがゲーム理論的思考といえそうです。

今度は、キーパーの立場で考え、キッカーが右に蹴る確率をp、左を１－pとするならば、p＝３/８≒0.38の確率（右に38%、左に62%）でキッカーが蹴ることが、ゲームの解であるとわかります。

混合戦略は期待値で考える

キーパー＼キッカー	右	左
右	(0.4,0.6)	(0.9,0.1)
左	(0.6,0.4)	(0.3,0.7)

キーパーの混合戦略

確率qで右を選択 ／ 確率1－qで左を選択

キーパーの混合戦略
右をq、左を1－qの確率で選択

キッカーが右に蹴ったときの期待値
$0.4 \times q + 0.9 \times (1-q) = -0.5q + 0.9$

キッカーが左に蹴ったときの期待値
$0.6 \times q + 0.3 \times (1-q) = 0.3q + 0.3$

たとえばキーパーが右と左、
半々に跳ぶ（q=1/2）ならば？

キッカーが右に蹴るときの利得　$-0.5 \times 1/2 + 0.9 = 0.65$
キッカーが左に蹴るときの利得　$0.3 \times 1/2 + 0.3 = 0.45$

➡**右に蹴ったほうが良い**

ゲームの解では「どちらか1方向に蹴ることが良い」とはならない！
（前項で見たように「ナッシュ均衡」にはならない）
➡よって　**右に蹴るときの期待値＝左に蹴るときの期待値**

$-0.5q + 0.9 = 0.3q + 0.3$
➡$q = 3/4 = 0.75$
同様にキッカーの混合戦略
右をp、左を1－pとすると
$0.2p + 0.4 = -0.6p + 0.7$
➡$p = 3/8 \fallingdotseq 0.38$

自分で計算して
確かめてみてく
ださい

最悪の事態を考え、その場合を最善にする

●このゲームの解を求めるもう１つの方法

前項ではこのゲームの解が、キッカーは右に38%、左に62%の確率でボールを蹴り、キーパーは右に75%、左に25%の確率で跳ぶことであると示しました。ここでは、別の考え方でこれを求めてみましょう。

ここではキッカーの立場で考えます。キッカー自身が右に蹴る確率をp、左に蹴る確率を$1-p$としたときに、相手キーパーが右に跳ぶ場合のゴールの期待値は、$0.4p+0.6(1-p)=-0.2p+0.6$と計算できます。同様にキーパーが左に跳ぶときは、ゴールの期待値は$0.6p+0.3$と計算できます。

キーパーが右と左に跳ぶ２つの場合に対して、これをグラフで表わすと、右項のようになります。２つのグラフの交点は$p=3/8$です。

●最悪の事態を考え、それを最善にする確率は？

キッカーはここで、どのような確率で蹴るのが良いのでしょう。ここで、相手キーパーが右と左のどちらに跳ぶのか、キッカーにとって悪いほうが起きると考えてみます。$p>3/8$の場合（キッカーが右に蹴る確率が大きいとき）は、キーパーが右に跳ぶほうがキッカーにとって利得が悪くなり、$p<3/8$のときは左に跳ぶほうが悪くなります。悪くなるほうでグラフを書き直すと、右項の下のような山型のグラフになります。この場合の期待値を一番高くする確率は$p=3/8$です。この値は、ゲームの解と一致します。

このように「自分にとって最悪となる場合を最善にする確率」が、このゲームでは解と一致するのです。

ゲームの解を求めるもう1つの方法

キッカーが右に蹴る確率をp、左を1−pとして、
キッカーの立場で考えてみると…

《キッカーがゴールする期待値》

相手（キーパー）が右に跳ぶとき：$0.4p+0.6(1-p)=-0.2p+0.6$

相手（キーパー）が左に跳ぶとき：$0.9p+0.3(1-p)=-0.6p+0.3$

キッカーがゴールする期待値グラフ

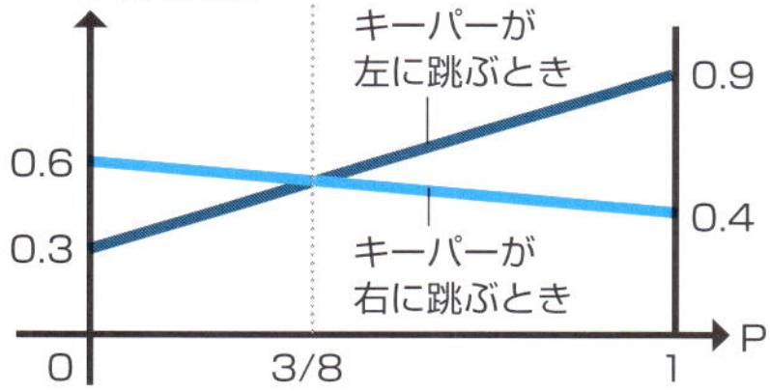

相手（キーパー）が自分に最悪の行動をするとしたときのグラフ

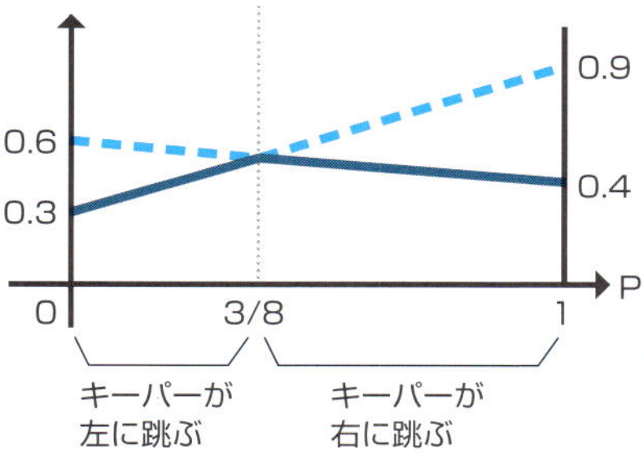

**最悪の事態を最善にする
自分の戦略p＝3/8**

前項で求めた解
と一致する

マキシミニ戦略とゼロサムゲーム

●マキシミニ戦略

自分の戦略に対して最悪の選択を相手がすると考え、それを最善にする戦略を**マキシミニ戦略**と呼びます。ゲーム理論が作られたとき、創始者《そうししゃ》であるフォン・ノイマンとモルゲンシュテルンが最初にゲームの解として提唱したのは、プレイヤーがこのマキシミニ戦略を選択し合うというものでした。

●ゼロサムゲームでは、マキシミニ戦略はナッシュ均衡

初めてゲーム理論ができたときにフォン・ノイマンらが考えたゲームは、今回のゲームのように自分と相手の利得の和が一定（今回は１）であるゲームでした。このような「相手が勝った分だけ自分が負ける」ゲームを**ゼロサムゲーム**と呼びます。今回のゲームは、ゼロサムゲームです。

ゼロサムゲームにおいては、相手がマキシミニ戦略を選択したならば、自分もマキシミニ戦略を選択することが最良の選択となることが証明できます。言い換えるとマキシミニ戦略は、ナッシュ均衡になっています。

しかしながら、ゼロサムゲームではないゲームでは、マキシミニ戦略はもはやナッシュ均衡ではありません。相手が、マキシミニ戦略を取るとわかっている場合は、自分はマキシミニ戦略を取るよりももっと良い戦略が存在する場合があるのです。古いゲーム理論のテキストには「ゲーム理論では、最悪の場合を最善にするように考える」と書かれています（今でも勉強不足でそう書いている人はいます）が、現在のゲーム理論の解は、マキシミニ戦略ではなくナッシュ均衡なのです。

ゼロサムゲームでは、マキシミニ戦略＝ナッシュ均衡

マキシミニ戦略 → 最悪の事態を考え、それを最善にするような戦略

つまり「リスクを最小にする」ような戦略

ゼロサムゲームでは、お互いがマキシミニ戦略をとり合うことがナッシュ均衡となる

↓

お互いがマキシミニ戦略をとっていれば、
自分の戦略を変えてもそれ以上利得を高くできない

《ゼロサム（ゼロ和）ゲーム》

自分と相手の利得が一定のゲーム（自分が取った分だけ相手は取られる）

チェス・将棋・囲碁

資源

一般のゲーム（非ゼロ和）では、マキシミニの戦略は均衡にならない

非ゼロサムゲームの場合、相手がマキシミニ戦略を取るなら、自分はマキシミニ戦略以外のほうが利得を高くできることがあるのだ

戦略的思考の神髄

●自分の得意戦略を使う確率は小さく

ゲームの解では、キッカーは右に蹴る（38%）よりも左に蹴る（62%）確率が高くなっています。キッカーは右のシュートが得意であるにも関わらず、なぜこうなるのでしょう。

キッカーが相手のことを考えなければ、単純に右に蹴るはずです。しかしキーパーは、キッカーが右に蹴ると高い確率で得点されることを知っていますので、当然、右に跳ぶ確率を高くするでしょう。キッカーが、少々左に蹴る確率を上げても、キッカーの「右」を恐れて、キーパーは右へ跳ばざるを得ないでしょう。

キッカーは、それを読めば左への確率を高めることが最適な戦略となります。自分の得意技を武器として、それを使わずに逆から攻める。テニスやボクシングにも通じるこの戦略は、ゲーム理論の戦略的思考の神髄《しんずい》を表わしているといえます。

●ナッシュ均衡の存在－第4章のまとめとして

第２章から第４章まで、相手と自分の利得が完全にわかる**完《かん》備情《びじょう》報《ほう》ゲーム**と呼ばれるゲームを見てきました。そして、これらの多くのゲームの解はすべてナッシュ均衡として説明できます。前項のようなサッカーのPK戦やじゃんけんなど、一見するとナッシュ均衡が存在しないように思えるゲームも、「混合戦略」で考えるとナッシュ均衡が存在することもわかりました。

一般に、どんなゲームも（戦略がいくつでも、プレイヤーが何人でも）、混合戦略まで含めると必ず１つはナッシュ均衡が存在します。この凄《すご》い定理を証明したのは、他でもないナッシュ博士自身で、彼はこの功績から、ノーベル経済学賞を受賞しています。

戦略的思考の神髄

自分の得意技を使うばかりでは能がない

得意のシュートを警戒させて
左に蹴る確率を高める

↓

得意戦略を使う確率は小さく
（たまに使うから意味がある）

《同様のケース》

ボクシング

「幻の右フック」を警戒させて左で決める

テニス

強いフォアを武器にしてバックで決める

ジョン・F・ナッシュ

ナッシュ均衡の存在 ⇒ どんなゲームでもいくつの戦略があっても、ナッシュ均衡は必ず存在する

1994年にノーベル経済学賞を受賞

彼の半生は『ビューティフル・マインド』という小説となり、同名で映画化された作品は2002年のアカデミー作品賞他、4部門を獲得したのである

COLUMN

ナッシュ博士とビューティフル・マインド

ここまで読んで来られた方はおわかりかと思いますが、現在のゲーム理論における、もっとも中心的な概念はナッシュ均衡です。本章の最後にお話したように、何人のゲームであっても、戦略が何個であっても、混合戦略まで含めれば必ずナッシュ均衡が存在します。ナッシュ均衡の概念を定義し、その存在を証明したジョン・ナッシュは、この功績によって1994年のノーベル経済学賞を受賞しています。

ナッシュは、ナッシュ均衡の存在証明以外にも、交渉についてのゲーム理論的分析も行っています。ナッシュは、いくつかの条件を満足するような交渉の結果は、どのような解になるかを明らかにしました。後年、この解はナッシュ交渉解と呼ばれるようになりました。第4章でお話した交互提案ゲームにおいて、提案が交互に無限に続くゲームを考えると、そのゲームの解はナッシュの交渉解に近づくことが知られています。

このようにナッシュの功績は目覚しいものでしたが、ナッシュはこの存在証明と交渉に対する論文を発表した後、重い精神の病にかかり、人前には出られるような状況ではなくなってしまいました。奇異な振る舞いをして大学をうろつく姿から、いつの間にか「プリンストンの幽霊」という名前がつけられたともいわれています。ナッシュの名前は、ゲーム理論や経済学の研究者は誰もが知っているが、誰も見たことはなかったのでした。

しかし、彼は同僚の温かい保護などもある中で、奇跡的な回復を遂げ、ノーベル賞を受賞できるまでになります。この彼の波乱に満ちた半生は、シルヴィア・ナサーという著者によって「ビューティフル・マインド」と呼ばれる本になり、全米でベストセラーとなりました。やがて、ビューティフル・マインドは映画化されることになり、ラッセル・クロウがナッシュを演じるこの映画は、2002年のアカデミー賞を受賞することになるのです。「誰もが知っていて、誰も知らないナッシュ」は、今、「皆が知っているナッシュ」になりました。

多くのエピソードを持つゲーム理論とそれを取り巻く研究者ですが、ナッシュの物語はその中でも最大のものといえるのではないでしょうか。

第5章

不確実性と情報をゲーム理論で考察する

前章までに解説したゲームは、プレイヤーを取り巻く環境に不確実な要素やリスクがない状況下でのゲームで、これを完備情報ゲームといいます。しかし、日常生活やビジネスではそういった確実な状況はまれにしか起こりません。相手や自分の利得がわからない不確実な状況が意思決定に大きな影響を及ぼすことはよくあることですし、物品の売買のように売り手と買い手で持っている情報が異なる状況もよくあります。こういった不確実性が入り込む不完備情報ゲームを解くにはどうしたらいいか、本章でも具体的な例を使って解説を進めていきます。少し難しいかもしれませんが、丹念に読み進めてください。

●この章のキーワード

不完備情報ゲーム
リスクプレミアム
期待効用理論
限界効用逓減の法則
モラルハザード
逆選択の問題
ベイジアンナッシュ均衡
情報集合
シグナリング
スクリーニング

不確実な状況下での ゲーム理論

●完備情報ゲーム

第4章までのすべてのゲームは、プレイヤーを取り巻く環境に「不確実な要素」や「リスク」がない状況を考えてきました。このようなゲームを**完備情報ゲーム**と呼びます。第4章の終わりでは、戦略を確定的に選択せずに、確率的な選択で不確実性を作り出して自分を優位にするゲーム理論的思考法を紹介しました。しかしこのゲームにおいてでも、プレイヤーを取り巻く環境（利得行列・ゲームの木）には、何1つ不確実なことはありません。

●不確実性とゲーム理論

これに対し多くの戦略的思考を必要とする状況では、不確実性が意思決定に大きな影響を及ぼします。戦略を選択したときにどのような結果が起こるかわからない状況や、相手や自分の利得が不確実な状況はその代表的なものです。相手や自分の利得が完全にはわからないようなゲームを、**不《ふ》完《かん》備《び》情《じょう》報《ほう》ゲーム**と呼びます。また不確実性のある環境では、たとえば中古車を売るディーラーと買い手のように、一方のプレイヤーが情報を多くもち、もう一方は情報が少なく不確実性が多い状況が想定されます。このような状況は、**情報の非《ひ》対《たい》称《しょう》性《せい》**と呼ばれます。

不完備情報や情報の非対称性を分析するゲーム理論は、「リスク」「モラルハザード」「シグナリング」「スクリーニング」など、日常生活やビジネスで注目されるキーワードについて、多くの示唆を与えてくれます。この章では、このような不確実な状況下でのゲーム理論について考えていきたいと思います。

不完備情報のゲーム理論

第2～4章では

プレイヤーを取り巻く環境に
不確実な状況はない

→ **完備情報のゲーム**

第5章では

不確実な環境下でのゲーム理論

相手や自分の利得がわからない	相手と自分のもっている情報が異なる
↓	↓
不完備情報のゲーム理論	**情報の非対称性**

中古車の売買　　**リスク**

相手と自分のもっている情報が異なるなど、不確実な状況での意思決定ゲームを不完備情報ゲームというのである

期待値・期待金額とリスク

●期待値と同じ金額を確実にもらうことは等価ではない

不確実な状況下では、プレイヤーは「確率」を使って状況を推測し、意思決定をします。「期待値」や「平均」は、その意思決定のための重要な要素です。まず、これについて考えてみましょう。

ここで「1/2の確率で100万円が当たり、1/2の確率で何ももらえない（0円)」という「くじ」を考えてみます。このくじの金額の期待値（期待金額）を計算すると、100×1/2＋0×1/2＝50で50万円です。では、この「くじ」をもらうことと、50万円を確実にもらうことは同じでしょうか（あなたはどうでしょう？)。

多くの人にとって「期待値50万円のくじ」と「確実な50万円」は等価ではありません。これは「くじ」の「リスク」に対する考え方が、人によって異なっているからです。「くじ」より「確実な50万円」を好む人のことやその態度のことを**リスク回避的《かいひてき》**であると呼びます。多くの人はリスク回避的ではないでしょうか。

また、一部のギャンブラータイプの人は、「くじ」のほうを好むかもしれません。このような人を**リスク選好的《せんこうてき》**といいます。

●リスクプレミアムと確実性同値

しかし、リスク回避的な人でも「確実な1万円」と「期待値50万円のくじ」では、「くじ」を好むでしょう。金額を下げていくと、「くじ」と等価になる確実なお金がどこかにあるはずです。仮にある人にとって32万円とこのくじが等価だとすれば、期待値との差額18万円はリスクを回避するために彼が支払う金額と考えられます。この18万円を彼の**リスクプレミアム**と呼び、32万円をくじと**確実性《かくじつせい》同値《どうち》**の金額であるといいます。

リスク回避的とリスク選好的

期待値が50万円のくじ≠50万円を確実にもらう

1/2の確率で100万円
1/2の確率で0円

Ⓐ期待金額が50万円のくじ

50万円

Ⓑ確実な50万円

AとB、あなたならどちらを選ぶ？

→Ⓐを選ぶ人（ギャンブラータイプ）
→リスク選好的

↓Ⓑを選ぶ人（堅実型）
→リスク回避的

一般には、リスク回避的な人が多いようである

リスク回避的な人でも、くじと等価な金額はあるはず

ここでは、期待値50万円のくじと「確実性同値」となる金額は32万円、リスクプレミアムは、50万円ー32万円＝18万円となる

確実にもらうほうが良い

50万円

49万円

くじ

1/2の確率で100万円
1/2の確率で0円

＝

32万円

2000円

1000円

くじのほうが良い

利得の期待値ー期待利得

●期待利得と期待金額を区別する

不確実な状況では、ゲームに確率を取り入れて、利得の期待値である**期《き》待《たい》利《り》得《とく》**を最大にするようにプレイヤーは行動すると考えます。今まで私たちは「利得」を「金額」と同じと考えてきましたが、リスクを考えると前項のように、不確実な事象での期待金額と同じ、確実な金額の好みが一致しないため不都合が起きます。そこで改めて、人の好みを表わす数値である利得・効用とは何か、どのように測られるべきか考えてみる必要があります。

前項のリスク回避的な人の利得は、右のような100万円に対する利得を１、０円の利得を０と規準化したグラフで説明することができます。グラフでは32万円に対する利得が0.5で、50万円に対する利得が0.5より高くなっていることに注意してください。このように利得を考えれば「１/２の確率で100万円、１/２の確率で０円」という「くじ」の期待利得は１/２×［100万円の利得］＋１/２×［０円の利得］＝１/２×１＋１/２×０＝0.5ですから、32万円と同じになり、利得の期待値と確実な利得の大小関係が、彼の好みと一致し、整合的になります。

●期待効用理論

確率を用いるゲーム理論における利得は、確実な結果に対する利得と、不確実な結果に対する利得の期待値（期待利得）の大小関係が、彼の好みと整合的になっている必要があります。このような理論の数学的基礎を与えたのも、フォン・ノイマンとモルゲンシュテルンであり、この不確実な事象に対して好みと利得を関係付ける理論は**期《き》待《たい》効《こう》用《よう》理《り》論《ろん》**と呼ばれています。

期待効用理論

お金の利得を次のようなグラフで測ってみると・・・

リスク回避的な人の利得のグラフ

↓

32万円の利得を0.5とする

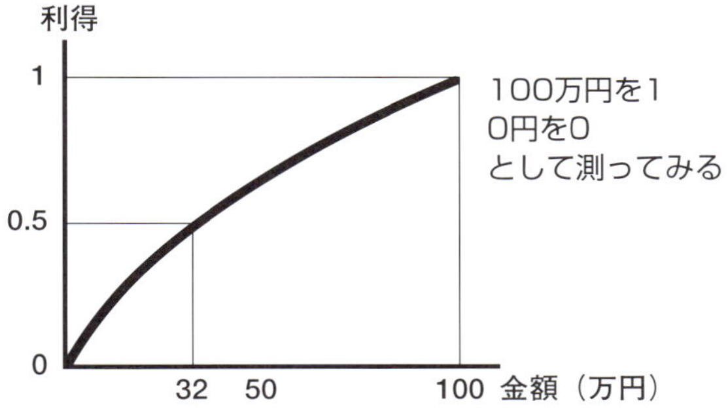

1/2×（100万円の利得）＋1/2×（0円の利得）
＝1/2×１＋1/2×0＝0.5＝（32万円の利得）

利得の期待値（期待利得）と同じ利得のお金を確実にもらうことは同じ好みとなる

➡「期待利得」と「確実な利得」を同じように扱い、値が大きいほうを好むと考えてよい

期待効用理論

利得の期待値（期待利得）の大小関係が、好みの大小関係と一致するように利得を測る理論

➡ゲーム理論の基礎となる理論

リスク回避と限界効用逓減との関係

●リスク回避と金額に対する限界効用の逓減

前項のグラフから読み取れることは、同じ「50万円」というお金でも、０円から50万円を追加すること（利得の増分が0.5より大きい）より、50万円にさらに50万円を追加すること（利得の増分が0.5より小さい）のほうが、価値が小さいということです。このような「量」と「価値」の関係はお金だけではなく、一般の財やサービスでもよく成り立ちます。例えば、ビールを飲むとき、最初のビールと１杯飲んだ後の２杯目のビールでは、同じ１杯のビールでも最初のほうが価値は高いでしょう。このような現象を経済学では**限《げん》界効用逓減《かいこうようていげん》の法則**などと呼びます。

「リスク回避的であること」、お金に対して「限界効用逓減の法則」が成立すること、利得を表わすグラフが上に向かって膨らんでいること、これら３つはすべて同じであることがわかります。同様に、「リスク選好的であること」、お金に対して「限界効用逓増の法則」が成立すること、利得を表わすグラフが下に向かって膨らんでいることも同じです。

利得のグラフが直線であるときは、期待金額が期待利得と一致します。このような場合は**リスク中立的**であると呼ばれます。

●リスクを考慮した意思決定

このように確率を用いるゲーム理論における利得は金額そのものではなく、リスクを考慮し、効用関数《こうようかんすう》やリスクプレミアムを適切に評価しなければなりません。このような利得の評価や、不確実な事象に対する確率の評価は難しく、実際の意思決定を行うときの大きな課題となっています。

リスク回避的＝限界効用逓減

リスク回避的な人の利得

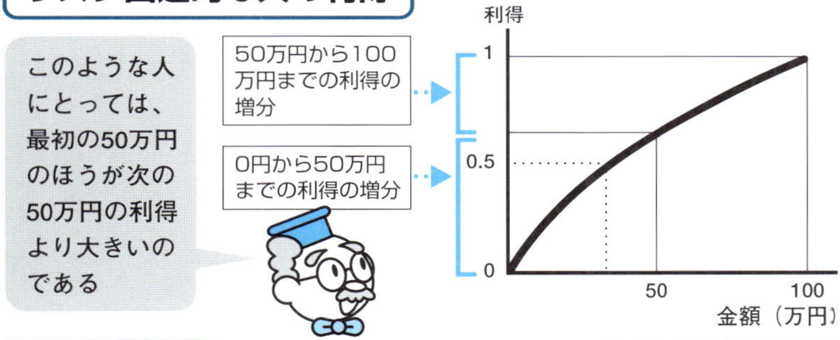

限界効用逓減 → 同じ量の財・サービス・お金を追加していくと、追加していくほど効用・利得の増分が小さくなっていく

リスク回避的 ＝ お金に対して限界効用逓減 ＝ 利得のグラフが上に膨らんでいる

リスク選好的

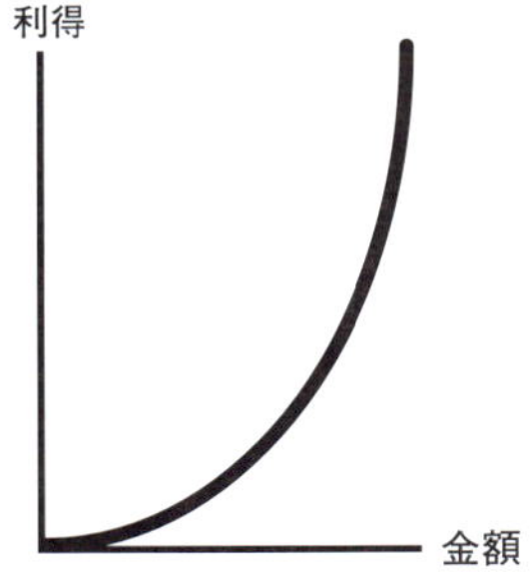

＝限界効用逓増
＝グラフが下に膨らんでいる

リスク中立的

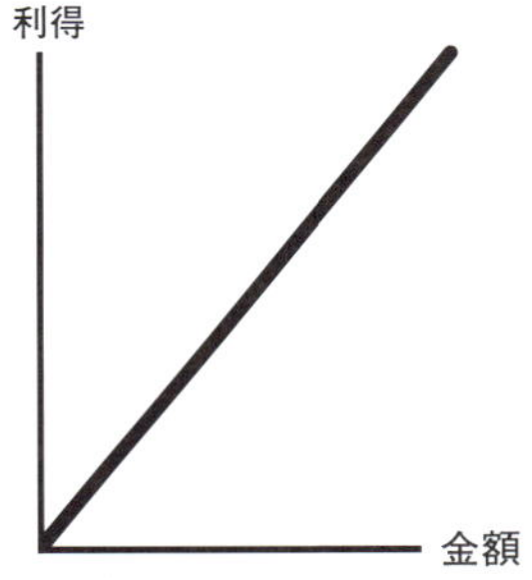

＝限界効用一定
＝グラフが直線

モラルハザード

●保険加入者の倫理観の欠如？

リスクや不確実な現象に対する利得の考え方をもとにして、いくつかのキーワードをゲーム理論で考えてみます。最初は**モラルハザード**についてです。

モラルハザードは「道徳的《どうとくてき》危険《きけん》」「倫理観《りんりかん》欠如《けつじょ》」と訳され、保険用語としてよく用いられます。保険に入って安心した加入者が、事故や怪我に対する注意を怠り、かえって事故や怪我を誘発《ゆうはつ》し、保険料の上昇を招くような事態を指します。

筆者が大学生のとき、大学生を対象とした新しい保険ができました。その保険は、安い掛け金で学生を扶助《ふじょ》できる画期的なものでしたが、それでも貧乏な一般の学生はその保険になかなか入らず、加入するのはバイクに乗る者や運動部所属者など、普通の学生より怪我が多い学生ばかりでした。その結果、一般の学生の事故率で算出した保険料と狂いが生じ、その保険は存立の危機に立たされました。これなどはモラルハザードの一例です。

●一般用語として使われだしたモラルハザード

近年、モラルハザードは保険以外の用語としても用いられるようになってきました。特に銀行やゼネコンに対する公的資金投入の際には、この言葉がよく登場しました。経営が行き詰まった企業に公的資金を投入して救済をするならば、モラルハザードが起きて、経営者は放漫《ほうまん》な経営に陥り、経営危機を招く企業の数は増加するだろうというものです。

一般化したモラルハザード

モラルハザード → 「道徳的危険」「倫理観欠如」

保険とモラルハザード

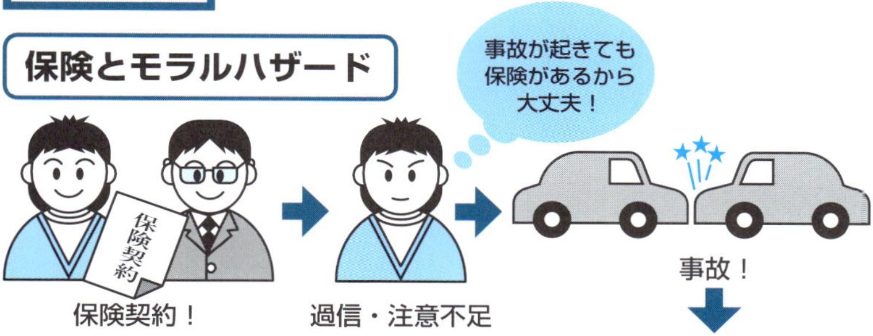

全員の保険料が上昇

もともとは保険用語として用いられていたが、近年では下のような企業倒産への公的資金投入などでも用いられるようになった

企業倒産とモラルハザード

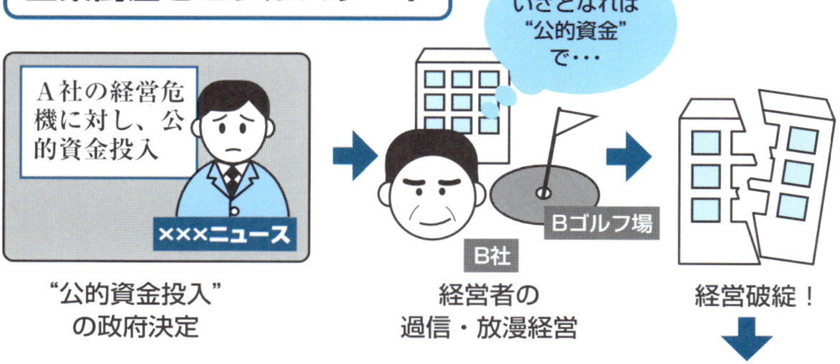

国民の負担が増加

モラルハザードの原因とインセンティブ

●道徳の欠如ではなくインセンティブで考える

モラルハザードは、モラル（道徳や倫理観）の欠如という意味ですが、モラルの向上を唱えるだけでは問題は解決しません。経営者や保険加入者は、必ずしも悪意をもって行動しているわけではないからです。ゲーム理論のキーワードで考えると、保険加入者に注意する義務や経営者に、努力するインセンティブがない（与えられてない）ことが問題だ、と見ることができます。

実は、この問題は第３章で見たインセンティブ契約（固定給と歩合給の議論）と同じであることがわかります。出版社が固定給契約で依頼した著者に対して、「努力しないのは道徳の欠如だ」といってみても事態が改善しないのと同じことです。

●モラルハザードの原因と情報の非対称性

第３章のモデルでは、著者の努力が直接成果に結びつくため、成果を報酬に反映して確実に努力を引き出すことが可能でした。これに対して保険は、加入者が事故を起こしたかどうかという結果だけでは「注意の履行《りこう》」については完全には判別できませんし、経営問題では経営危機という結果だけでは、経営努力に対しての評価ができません。モラルハザードの根本的な原因は、結果を見ただけでは相手の努力が完全には観察できないという、努力と結果の間にある不確実性が、インセンティブを引き出すことを阻害していることなのです。

また、この問題は経営者や保険加入者は自分の努力がどの程度かわかるが、政府や保険会社はその情報を観察できない「**情報の非対称性**」が原因である、と捉えることもできます。

高成果≠高努力

モラルハザードの原因

道徳や倫理観の欠如として捉えると、問題は解決しない
➡インセンティブの問題として捉えるべきである

努力や注意が確実に成果に結びつけば？

モラルハザード

保険加入者		成果
注意する	➡	事故が起きない
注意しない	➡	事故が起きる

インセンティブ契約… 第3章の著者と出版社

著者		成果
努力する	➡	本が売れる
努力しない	➡	本が売れない

成果に報酬を対応させれば、インセンティブを引き出せるのだが…

努力に対する成果に不確実性がある

努力する → 成果が出る / 成果が出ない
努力しない → 成果が出ない / 成果が出る

運が悪く
努力→成果が出ない

運が良く
努力しない→成果が出る
のケースも

単純に成果に報酬を対応させてもインセンティブが引き出せないのである

行動（努力）が観察できないことが問題
➡情報の非対称性

インセンティブ契約とモラルハザード

●再考－第3章の出版社と著者の契約

固定給と歩合給の問題でも、多くの場合は被雇用者の努力が直接成果には結びつきません。先の出版社と著者の例でいえば、著者が努力をしても本が売れるとは限りませんし､逆に努力をしなくても、たまたま売れるということは起こりえます。このようにモラルハザードの問題と、固定給・歩合給のインセンティブ契約の問題とは、全く同列に分析できます。ここでは第３章の固定給と歩合給のストーリーを変えて、インセンティブ契約とモラルハザードの問題を考えてみることにしましょう。

第３章の著者と出版社の問題では、出版社は固定額55万円か出版部数の10%の印税契約かのどちらかを選択し、著者はその契約のもとで、費用が20万円の低い努力水準か、費用が50万円かかる高い努力水準かのどちらかを選択するというものでした。先のストーリーでは、著者の低努力では6,000部、高努力では１万部の売り上げが確実に見込めるとしました。

●努力に対する成果に不確実性が存在する場合

しかし、実際には「著者が努力をしても本が売れない」という不運と、「努力をしなくても運良く本が売れる」という幸運の２つの不確実性がインセンティブを阻害します。２つを同時に考えるのは難しいので、ここは前者のみに照準を定めて考え、著者が高い努力をしても「80%の確率で1万部の売り上げが見込めるが、20%の確率ではやはり6,000部しか売れない」というリスクが生じるとしてみましょう。出版社は、著者の努力は観察できず、部数という結果のみしか判別できないとします。

第3章の著者と出版社のインセンティブ契約—再考

再掲 出版社：固定額55万円か、10%の歩合給か？
著者：高努力で費用50万円か、低努力で費用20万円か？
出版社の利益：売上げ×30%－著者への支払い
著者の利益：出版社からの支払い－努力費用

第3章との相違点 （単価1,000円の本の売り上げ部数）

高努力のとき…80%で10,000部　20%で6,000部
（第3章では確実に10,000部の売上げ）
低努力のとき…6,000部

ゲームの木

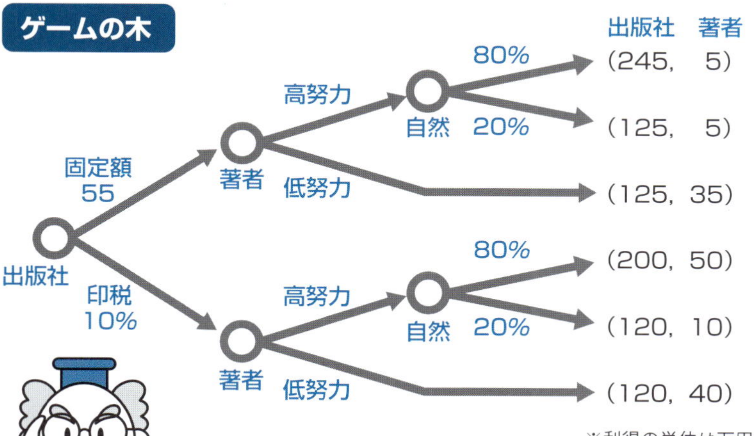

※利得の単位は万円

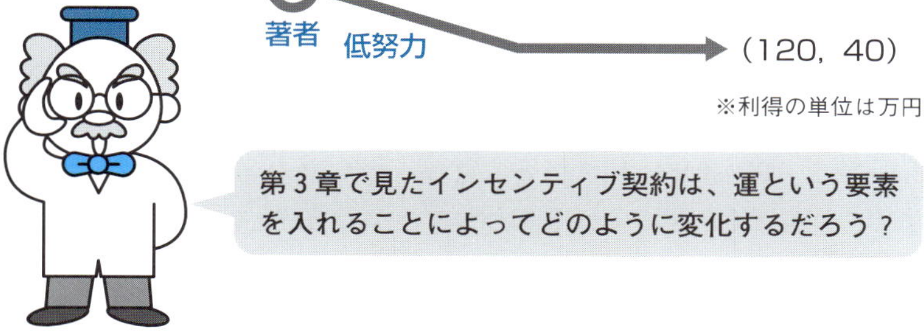

リスク回避とインセンティブ契約

●高い努力をしても失敗する確率を組み入れる

この問題のゲームの木は前項のようになります。著者が高努力を選択した場合は、確率0.8で「成功」して本が１万部売れる場合と確率0.2で「失敗」して6,000部しか売れない場合の２つの枝に分かれます。この点はプレイヤーの意思に依存しない確率によって枝が選択されるため、「自然」と呼ばれる架空のプレイヤーが意思決定する点と考えます。

●リスク回避がインセンティブ契約の効果を減ずる

著者の行動を考えてみましょう。固定額を提示された場合、低努力での利得は35万円、高努力の場合は成功しても失敗しても利得は５万円なので、低努力を選択します。一方、10%の印税契約では、高努力の場合は80%の確率で50万円、20%の確率で10万円です。低努力では、確実に40万円です。

高努力の場合の期待金額は、0.8×50＋0.2×10＝42万円なので、著者がもし期待金額を期待利得と考える（リスク中立的）ならば、高努力を選択します。しかし、先に見たように期待金額は期待利得そのものではありません。もし著者がリスク回避的で２万円以上のリスクプレミアムを見込むならば、高努力より低努力の40万円を選択するでしょう。

著者がある程度リスクを回避するならば、10%の歩合給による「インセンティブ契約」も効力を発揮せず、著者は低努力を選択します。これなら出版社は固定給55万円で契約したほうが良さそうです。このように高い費用をかけて努力しても失敗のリスクがある場合は、インセンティブ契約は必ずしも機能しません。

著者はどちらを選択するか？

高努力時を「期待利得」で書き直したゲームの木

（利得の単位は万円、 r は著者のリスクプレミアム）

出版社はリスク中立的（期待金額＝期待利得）であるとする。
これは出版社が多くの著者と同じような条件に接しているので、たくさんの「確率的試行」が、大数の法則によって、「期待値」を「真の実現値」に近づけるため。
保険会社と加入者なども同じ構造になっている

著者のリスクプレミアムが2万円より大きい（r＞2）と？

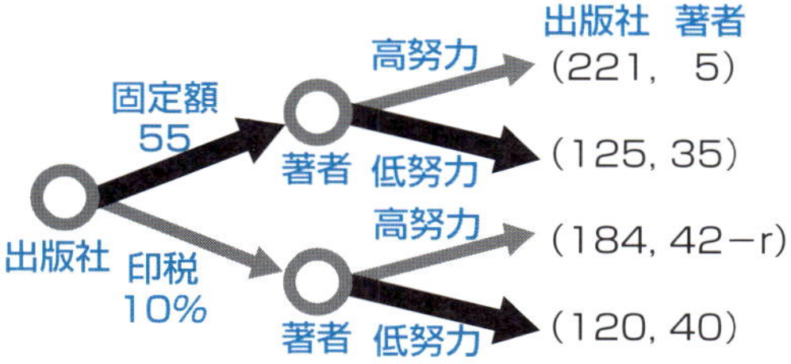

第３章の結論とは異なり、10％の印税契約でも著者の高努力のインセンティブを引き出すことはできない。
したがって、固定額55万円の契約を結ぶしかないのである

プリンシパルとエージェントの理論

●リスクの一部を分担する

この契約問題は、**プリンシパル（依頼人）とエージェント（代理人）の理論**とも呼ばれ、上司と部下、政府と官僚組織、親会社と子会社など、多くの問題に応用されます。今回は出版社がプリンシパルで、著者がエージェントです。エージェントがリスクを避けるためにインセンティブ契約が機能しない場合、プリンシパルは、費用を増加させてリスクを分担し、インセンティブ契約を成立させることが次《じ》善策《ぜんさく》となります。

●出版社の負担で、著者の報酬を増やす

ここで、出版社の印税契約（歩合給）を10%から15%に上げて考えてみます。著者が高努力をした場合の期待金額は88万円、低努力の場合は70万円ですから、リスクプレミアムが18万円以下ならば、著者は高努力を選択します。今度はかなりリスク回避的な著者でも高努力を選択するでしょう。出版社の期待利益（138万円）は、著者に高い報酬を支払うことで減少しますが、それでも固定額による期待利益（125万円）を上回っています。このように、エージェントの努力に対して不確実性が存在する場合、出版社は利益を減らしてでもエージェントのリスクを負担することによって、エージェントの努力を引き出すことができるのです。

●リスクの分担にも限度

しかし、リスクを分担するにも限度があります。もし著者のリスクプレミアムが高く18万円以上ならば、出版社は印税契約をさらに上昇させても（たとえば20%）歩合給で契約し、インセンティブを引き出したほうが良いでしょうか？

インセンティブ契約を結ぶためのリスク分担

プリンシパルとエージェントの理論

プリンシパル（依頼人）がエージェント（代理人）の努力を引き出し、高いパフォーマンスを上げるためにどのような契約をすればよいか？

➡政府と官僚、親会社と子会社、上司と部下など

リスクの分担

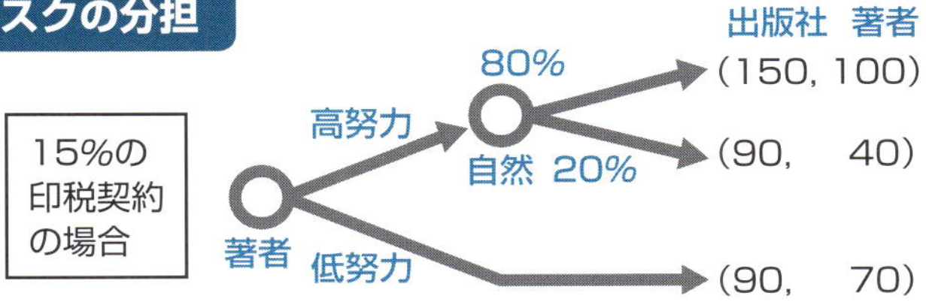

「期待利得」を計算して、書き直したゲームの木

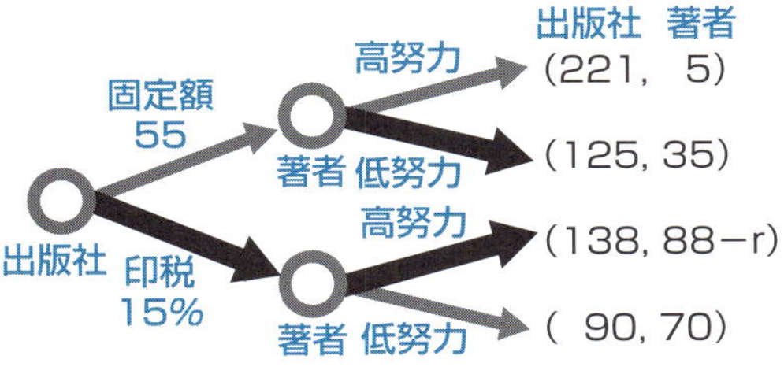

（利得の単位は万円）

r ＜18ならば、著者は、高努力を選択

⬇

かなりリスク回避的な著者でも、高努力のインセンティブを引き出すことが可能になる

プリンシパル（出版社）が少し代償を払い、エージェント（著者）のリスクを分担することで、エージェントの努力を引き出すことができるのである

「固定額＋歩合給」でインセンティブを引き出す

●リスクが大きすぎれば固定給のほうが良い

20%での印税契約では、高努力でも出版社の期待利益は92万円となり、これならば固定額で契約し、著者の努力が低くても我慢したほうが良くなります。出版社がリスクを負担するにも限度があり、ある範囲を超えればインセンティブ契約の効果はなくなります。また、ここで出版社はリスク中立的であるとし期待金額で評価をしましたが、出版社自身がリスク回避的であれば、リスクを負担できる範囲は狭くなります。

●固定給＋歩合給が良い制度を生み出す

前項では「歩合を10%から15%に上げた」と考えましたが、別の見方もできます。このゲームでは、本が最低でも6,000部は売れるとされていますので、15%の印税契約では、最低でも90万円の報酬が著者に保証されています。そこで、この契約は「固定給が90万円で、1万部売れればボーナスとして60万円を上乗せする」という固定給十歩合給の契約とみなすこともできます。

このような固定給十歩合給の契約は、営業マンの報酬・プロ野球の年棒契約など一般社会でもよく見られます。固定給十歩合給契約はエージェントのリスクを減らしながら、インセンティブも引き出すための良い方法なのです。

以上、モラルハザードをインセンティブ契約として見てきました。モラルハザードに立ち返って考えれば、保険などで何年間か無事故でいると、保険料が下がったり報奨金《ほうしょうきん》が与えられたりする制度があります。これもこの固定給十歩合給の契約と同じもので、インセンティブを引き出す方法と考えることができるのです。

「固定額＋歩合給」でインセンティブを引き出す

印税20%契約!?

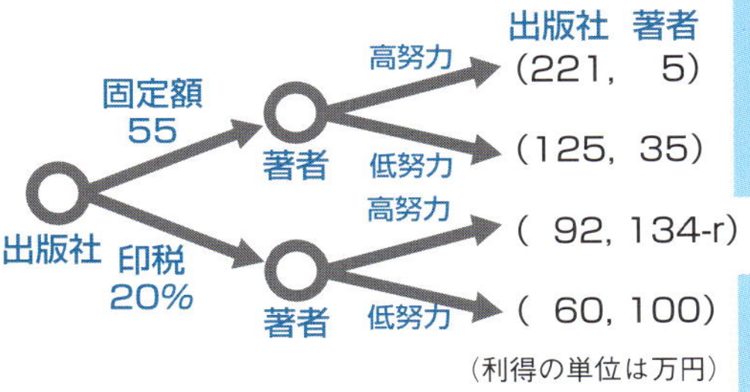

かなりリスク回避的な著者も高努力を選択するが、これならば出版社は低努力でも固定給のほうがマシ

↓

リスク分担にも限度がある

固定額＋歩合給

固定額部分でリスクを保証、歩合給部分でインセンティブを引き出す！

6,000部	➡	90万円
10,000部	➡	150万円

＝

最低でも90万円を保証。
10,000部売れたら60万円のボーナス

印税15%の契約＝固定給90万円＋歩合給60万円

・プロ野球の年俸制
・営業マンの報酬
・無事故の保険加入者への報奨金・保険料割引
・授業の成績評価で、出席点＋試験得点

→ リスクを保証しながら、インセンティブを引き出す

このように、「固定給＋歩合給」は一般社会でもよく見られる契約なのだ

逆選択ー相手の「属性」がわからない

●個人の事故率は、個人の選択する行動か属性か

モラルハザードでは、被保険者が事故に注意するかどうかは彼が「選択する行動」と考えてきましたが、そもそも注意深く行動するかどうかは、本人の選択ではなく、生来《せいらい》備わっている性格や属性かもしれません。先にあげた大学生を対象とした保険も、事故率が高い学生は、保険加入後にその行動を選択するのではなく、バイクに乗っていたり、登山部であったりと、加入前に学生の「属性」が決まっていたとして捉えるほうが自然でしょう。そう考えると、先の問題は被保険者が選択する行動が観察できない問題（モラルハザード）ではなく、彼自身がどのような属性をもっているかが観察できない問題と捉えることもできます。

●行動が観察できないモラルハザード、属性がわからない逆選択

本来ならば、通常の学生の事故率を想定すれば成立する保険が、事故率の高い学生が相対的に多く加入して保険料の上昇を招き、その結果、ますます事故率の低い学生が加入せず事故率の高い学生のみがその保険を「選択」する…。

このような相手の属性が観察できないために、自分の好まない（逆の）属性が選択されてしまう問題を**逆《ぎゃく》選択《せんたく》の問題**と呼びます。モラルハザードは相手の「行動」が観察できないという情報の非対称性が引き起こす問題でしたが、逆選択は相手がもつ「属性」や「情報」がわからないことから起きる問題です。行動は、プレイヤーが自分の意思で選択できるのに対して、属性は備わっているものでプレイヤーの意思では選択できないところが異なります。

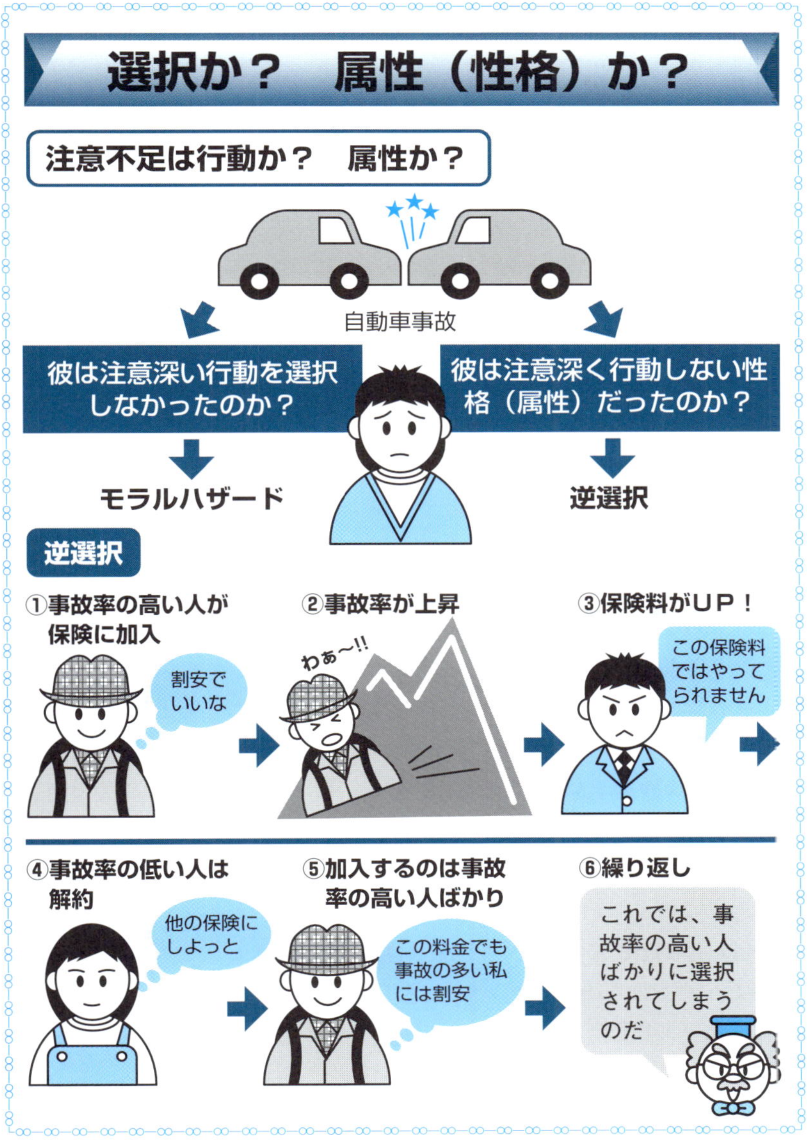
選択か？　属性（性格）か？
注意不足は行動か？　属性か？
自動車事故
彼は注意深い行動を選択しなかったのか？
モラルハザード
彼は注意深く行動しない性格（属性）だったのか？
逆選択
逆選択
①事故率の高い人が保険に加入
割安でいいな
②事故率が上昇
わぁ〜!!
③保険料がＵＰ！
この保険料ではやってられません
④事故率の低い人は解約
他の保険にしよっと
⑤加入するのは事故率の高い人ばかり
この料金でも事故の多い私には割安
⑥繰り返し
これでは、事故率の高い人ばかりに選択されてしまうのだ

逆選択のモデル
能力差に応じた賃金

●さまざまな逆選択の例

逆選択の例も、日常生活やビジネスの現場では多く見られます。たとえば中古車や中古住宅の品質は、売り手はわかっていても買い手から観察することが難しい場合が多くあります。本来ならば、良い品に高い値段がつき、悪い品に低い値段がつくはずの市場の機能も、このような状況ではうまく機能せず、悪い品質のものが高い価格で取引されるかもしれません。これも逆選択の例です。

ここではモラルハザードに引き続き、プリンシパルとエージェントの雇用と賃金の問題で逆選択を考察してみましょう。

●英語能力の高低で賃金の差をつけたい

ホヤ商事では、新事業遂行のためにナマコ建設から社員金太郎をヘッドハントしようとしています。事業の性質から、金太郎が英語に堪能《たんのう》であれば大変良いのですが、金太郎の英語能力が高いかどうかは確実にはわかりません。もし金太郎の英語能力が高ければ、彼はナマコ建設から年給1,000万円を、低ければ800万円をもらっていますが、ホヤ商事はそれを知ることもできないとします。ここで金太郎は、英語能力が高ければ年間1,200万円、低ければ950万円の価値をホヤ商事にもたらすとします。

ここで金太郎の「属性」は、英語能力が「高い」場合と「低い」場合の２つであるとし、それぞれ確率１/２であるとします。金太郎は現在勤めているナマコ建設に残るか、ホヤ商事に移るかどうかを決めます。移る場合は、ホヤ商事が金太郎に年給1,100万円か、900万円のどちらかの賃金を支払います。(リスク中立的であるとし、金額を利得と考えます)

金太郎の給料はいくら？

逆選択の例

中古車市場や中古住宅などの中古市場

雇用の問題

英語能力の差で賃金に差をつけたい

ホヤ商事社長

・新プロジェクト遂行に必要な人材
・ナマコ建設から引き抜きたい
・英語能力が高ければ、いうことなしなのだが…

英語力の高い金太郎

・ナマコ建設から1,000万円もらっているはず
・ホヤ商事で1,200万円の価値を生み出す
・1,100万円の賃金で引き抜きたい

or

英語力の低い金太郎

・ナマコ建設から800万円もらっているはず
・ホヤ商事で950万円の価値を生み出す
・900万円の賃金で引き抜きたい

不完備情報ゲーム

●プレイヤーの属性に不確実性があるゲーム

このようなプレイヤーの属性に不確実性があるゲームを**不完備情報ゲーム**と呼びます。ここからは「不確実性」や「情報」を扱う不完備情報ゲームについて、逆選択を例にして解説します。

●今までのゲーム理論にルールを追加して考える

不完備情報ゲームでは、ゲームの木にいくつかの構造を追加します。右項のゲームの木を見ながら考えましょう。まず、ゲームの最初は「自然」と呼ばれる点で、プレイヤーの属性（金太郎の能力が高いか低いか）が確率的に分けられると考えます。そして、金太郎は各属性（能力が高い、低い）ごとに行動（ナマコ建設に残るか、ホヤ商事に移るか）を選択します。

どちらかの属性の金太郎が「ホヤ商事に移る」を選択する場合には、ホヤ商事は賃金を1,100万円にするか900万円にするかを選択しますが、ホヤ商事は金太郎の属性を直接には見分けることができません。これは形式上「ホヤ商事が図の高の点と低の点のどちらで行動しているかが認識できない」と考えることができます。そこで点高と点低の点を、１つの集合とし、これを**情報集合**と呼びます。

ホヤ商事は点高と点低のどちらにいるかがわからないので、この点で別々の行動を選択することができず、１つの行動しかできません。言い換えると次のようなルールになります。

ルール1

１つの情報集合で１つの行動が選択される。すなわち、同じ情報集合内では、すべての点で同じ行動が選択されなければならない。

金太郎ヘッドハントのゲーム

・金太郎の選択…ナマコ建設に残る、ホヤ商事に移る
・ホヤ商事の選択…1,100万円払う、900万円払う

不完備情報ゲームで考える

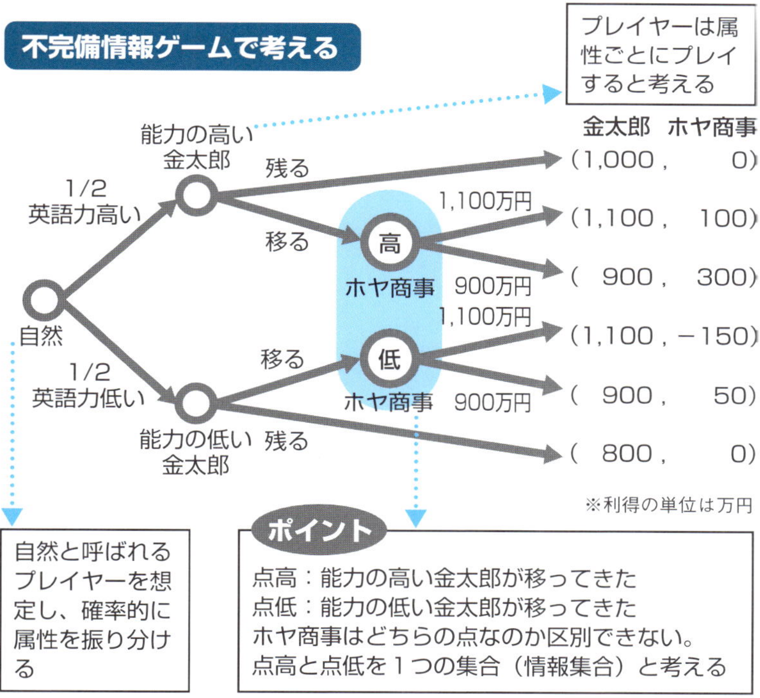

自然と呼ばれるプレイヤーを想定し、確率的に属性を振り分ける

ポイント

点高：能力の高い金太郎が移ってきた
点低：能力の低い金太郎が移ってきた
ホヤ商事はどちらの点なのか区別できない。
点高と点低を１つの集合（情報集合）と考える

情報集合内の点では、１つの行動しか選択できない。これをルール１とする

情報集合と信念

●プレイヤーは「信念」で情報集合内の不確実性を推測する

さて、ここで交互ゲームのバックワードインダクションと同様にゲームの解を求めていきます。先読みで解を求めるには、まずホヤ商事の行動を決めることになります。ルール1に従うと、ホヤ商事は点高と点低の点で、賃金を1,100万円にするか900万円にするか、同じ行動しか選択できません。そこで、ホヤ商事は点高と点低がどのくらいの確率で起きているかを推測するものとし、これをホヤ商事の点高と点低に対する**信念（belief）**と呼びます。ホヤ商事はこの信念のもとで期待値を最大にするように行動します。

ルール2

情報集合内の点において、各プレイヤーはどのくらいの確率で、その点に到達しているかの信念（確率的推測）をもち、そのもとで期待利得を最大にする行動を選択する。

ここでは、仮にホヤ商事の信念を「点高である確率1/2、点低である確率1/2」としましょう。この信念は、もともと能力の高いか低いかの確率が1/2ずつであることから、妥当のような気もしますが、どうでしょうか？（後ほど検討します）

この信念のもとで、ホヤ商事が1,100万円の賃金を選択した場合の期待利得は−25となり、900万円の賃金を選択した場合の期待利得は175となります。これよりホヤ商事は900万円の賃金を選択します。このホヤ商事の行動を先読みして、金太郎は各属性に応じた意思決定をします。金太郎は能力が高ければ会社に残り、低ければホヤ商事に移ることになります。

信念に基づいて確率的に推測する

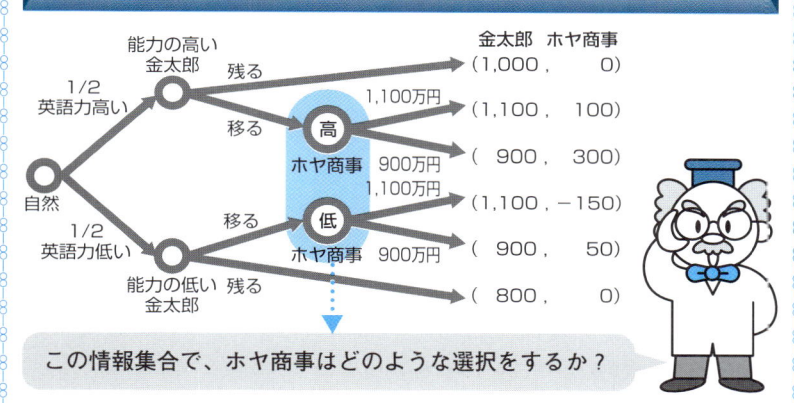

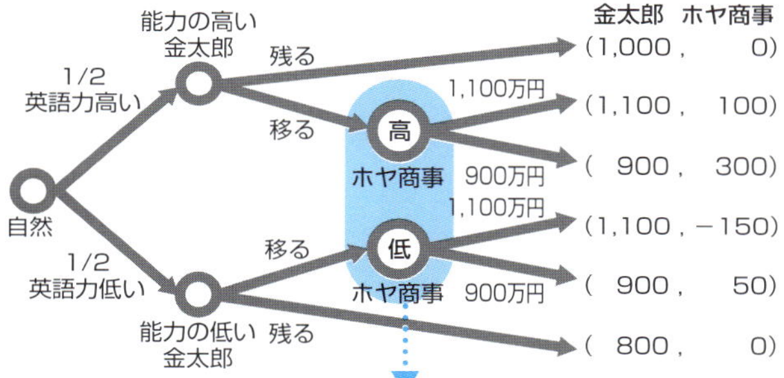

この情報集合で、ホヤ商事はどのような選択をするか？

点高（能力の高い金太郎が移ってきた）か
点低（能力の低い金太郎が移ってきた）か
を確率的に推測する

➡ **信念（belief）**

仮に「点高である確率1/2、点低である確率1/2」とする

・ホヤ商事が1,100万円を選択したときの期待利得

1/2×100＋1/2×（−150）＝−25

・ホヤ商事が900万円を選択したときの期待利得

1/2×300＋1/2×50＝175

➡ホヤ商事は900万円を選択

ホヤ商事の行動が「先読み」できれば、金太郎は属性ごとに最適な行動を選択できるのだ

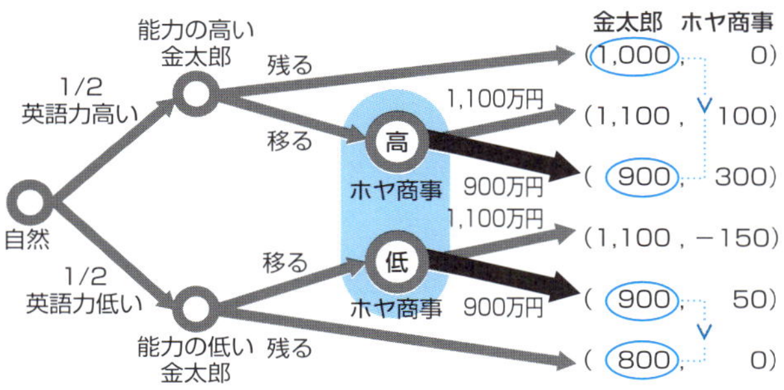

整合的な信念－不確実な状況の推測と相手の行動

●相手の行動から導かれる信念

このように「信念」が与えられれば、後は今まで習った部分ゲーム完全均衡と同様にゲームの解を求めることができます。しかし、実はもう１つのルールが必要です。

ここでは、「仮に」ホヤ商事の信念を「点高である確率1/2、点低である確率1/2」としました。これから得られたゲームの解では「金太郎の能力が高ければ現在の会社に残るという行動を選択し、低ければホヤ商事に移るという行動を選択する」というものでした。しかしホヤ商事がそれを読むならば、金太郎がホヤ商事に来たならば、それは金太郎の能力が低いときのみであることがわかります。すなわち「点高である確率が０、点低である確率は１」でなければならず、「仮に」決めた信念と矛盾します。

●ゲームの解において、行動と信念は整合的でなければならない

これが不完備情報ゲームの最大のポイントです。ゲームの解が読み合った先であるならば、プレイヤーの信念は相手の戦略的行動を反映したものでなければならないはずです。このような信念を**戦略に整合的な信念**と呼びます。

ルール3

ゲームの解では、信念は戦略に整合的でなければならない。

改めて、ホヤ商事の信念を「点高である確率が０、点低である確率は１」としてホヤ商事が1,100万円の賃金を選択した場合の期待利得を求めると－150となり、900万円の賃金を選択した場合の期待利得は50となります。この信念においてもなお、ホヤ商事は900万円の賃金を選択することがわかり、この信念とこの行動は整合的です。

信念は戦略と整合的か？

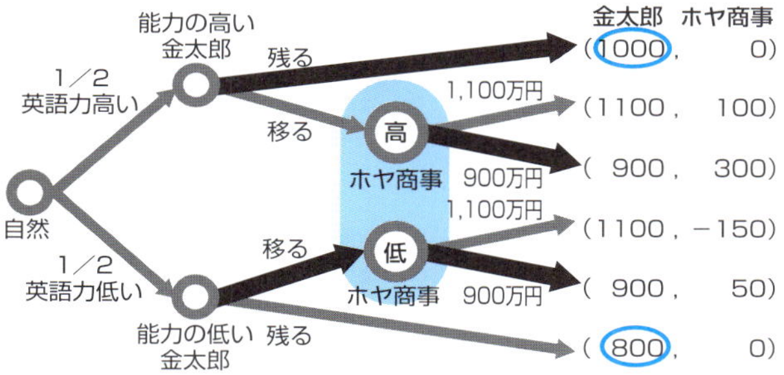

ホヤ商事の点高、点低に対する信念を与えれば、ゲームは今までのような「部分ゲーム完全均衡」として求められる

↓

しかし　「点高である確率1/2、点低である確率1/2」は、読み合った先の信念として妥当か？

↓

NO!　上記の金太郎の行動を読めば、ホヤ商事の信念は「点高である確率0、点低である確率１」でなければならない

→ **戦略と整合的な信念**

「点高である確率0、点低である確率1」という信念での選択を再検討すると

- ホヤ商事が1,100万円を選択したときの期待利得
  0×100＋１×（－150）＝－150
- ホヤ商事が900万円を選択したときの期待利得
  0×300＋１×50＝50

やはりホヤ商事は、「900万円」を選択。
よって金太郎の戦略も同じ

ベイジアンナッシュ均衡と逆選択の結果

●ベイジアンナッシュ均衡－不完備情報ゲームの解

「金太郎は能力が高ければ、現在の会社に残る行動を選択し、低ければホヤ商事に移る行動を選択する」とし、ホヤ商事の信念を「点高である確率が０、点低である確率は１」、ホヤ商事の選択を「低い賃金」とすると、これらの組み合わせは部分ゲーム均衡の条件を満たし、信念も整合的です。この均衡行動と整合的な信念の２つの組み合わせを**ベイジアンナッシュ均衡**と呼びます。ベイジアンナッシュ均衡は、相手の属性が確率的にしかわからない不完備情報ゲームにおけるゲームの解です。

●逆選択のために望む結果が得られない

結果を解釈してみましょう。ホヤ商事は金太郎の能力（属性）を観察することができないため、高い賃金で低い能力の者を雇用してしまう可能性を排除できません。その結果、低い賃金を支払うという「安全策」しかとれなくなってしまい、それを先読みすると金太郎は高い能力であればホヤ商事に移りません。ホヤ商事は、高い賃金を払っても高い能力の者を雇いたいという希望が満たされませんし、金太郎としても能力が高ければ、ホヤ商事に高い賃金を払って雇用されたほうが良いのに、それがかないません。双方にとって良いこの方策は、情報の非対称性のために絶たれてしまいます。

このことから、雇用する側は相手の属性を知ろうとし、高い能力をもつ者は自分の属性を知らせようとします。しかし、ただ相手の属性を申告させるだけでは、低い能力の者も「高い」と虚偽《きょぎ》の申告をするでしょうから事態は改善しません。

信念と戦略の組み合わせが解

ベイジアンナッシュ均衡

① ②の信念を使って得られた部分ゲーム完全均衡（的）な戦略

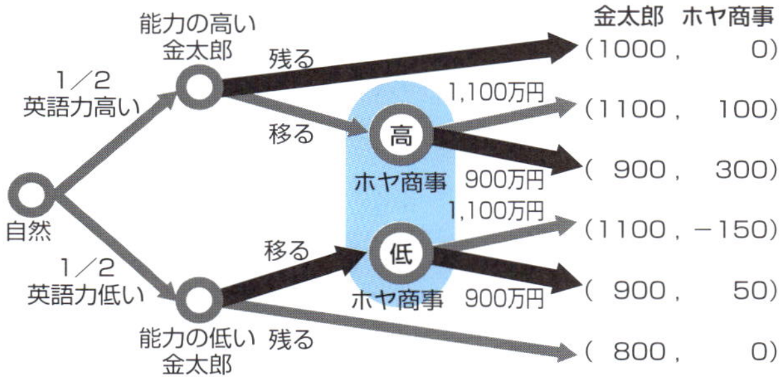

② ①の戦略から得られた整合的な信念
「点高である確率0、点低である確率1」

ベイジアンナッシュ均衡 ⇒ ①と②の組み合わせを不完備情報ゲームの解と考える

逆選択の結果

雇用する側は、属性を観察できない

↓

低い能力の者が来ることを排除できない

↓

低い賃金しか払えない

↓

高い能力の者は去り、低い能力の者だけが来る

たとえ能力が高いのか低いのかを申告させたとしても、虚偽の申告をする可能性があるので、根本的に事態は解決しないのだ

情報の非対称性から見た「資格」の役割

●英語資格の有無で属性を見分ける

英語検定などの資格の有無を問うことは、このような情報の非対称性の問題を解決するための１つの方法です。よく「資格をいくらもっていても、実際の現場では役に立たない。だから無意味だ」などという乱暴な議論を耳にします。

私は「資格試験を取るための勉強は実際の現場では役に立たない」とは思いません。譲歩してそれを認めるとしても、資格が「無意味だ」とはいえません。資格の取得には**シグナリング**や**スクリーニング**の意味があるからです。

●逆選択を防ぐ方法－シグナリングとスクリーニング

情報の非対称性がある場合に、相手に属性を知らせる方策としてシグナリングが、また相手の属性を知る方策としてスクリーニングがあります。両者とも、属性の違いを行動の選択の違いに結びつける（結びつけさせる）方法です。ポイントは、属性の違いによって生じるコストや利得の相違を利用することです。

先の逆選択の問題においても、金太郎の英語能力が高ければ英語資格を取得することで、ホヤ商事に能力の高さを証明できるかもしれません。これが「シグナリング」です。もし、本当に有資格者と無資格者が能力の高低を表わしているならば、有資格者に高い給料を払い、無資格者に低い給料を払うことで逆選択は回避できます。しかし、もし能力が低い者が給料の差額に比して簡単に資格を取ることができる（資格取得のコストが低い）ならば、能力の低い者も資格を取って高い給料を得ようとし、有資格者の「シグナル」は有効に機能しません。

シグナリングで違いを知らせる

属性を観察できない問題を解決する

シグナリング：自分の属性の違いを行動の違いで知らせる

スクリーニング：相手の属性の違いを行動の違いとしてふるい分ける

シグナリングの例

資格

資格・学歴

資格の取得や学歴などで能力の違いを知らせようとする

プレゼント

高価な贈り物をして、愛情の深さを知らせようとする

返品保証

無料の返品保証

リスクのある返品保証をあえてして、品質の良さを知らせようとする

シグナリングとは、上のような方法で属性の違いを相手に知らせることである

シグナリングゲーム

●英語資格取得のゲーム

前項の例を少し変えて、シグナリングについて分析してみましょう。右図のゲームの木が今回の分析対象です。

先と同様に、金太郎の属性（英語能力の高低）が1/2の確率で決まります。次に、金太郎は能力に応じて英語資格を取得するか、しないかを決めます。金太郎の能力が高ければ、資格を取得するのは簡単で費用は50万円であるとします。一方、能力が低ければ資格を取得するのは大変で、費用が350万円かかるとします。

●資格の有無はわかるが、その属性はわからない

ホヤ商事は、資格の有無は識別することができますが、彼の真の能力（属性）は観察することはできません。たとえば金太郎が資格を有するとき、それが高い能力の点有高なのか、低い能力の点有低なのかをホヤ商事が見分けることができないことを意味します。そこでゲームの木では、先の例と同様に点有高と点有低を線で囲みます（情報集合）。点無高と点無低も同様です。

ホヤ商事は、資格の有無に応じて、1,100万円か900万円の給料を提示します。金太郎は能力が高ければ、1,100万円が提示されるとホヤ商事に移りますが、900万円が提示されると現在の会社に残り、給料1,000万円で働きます（前項の例では、ホヤ商事に行くことが決まってから給料が提示されていたので、ここは異なります。むしろ給料を提示されてから、会社を移るかどうかを決めるこちらのほうが自然であると考えられます）。もし能力が低ければ、1,100万円、900万円、どちらの給料を提示されてもホヤ商事で働きます。

資格取得のシグナリングゲーム

金太郎の選択…資格を取るか、取らないか
ホヤ商事の選択…1,100万円の賃金か、900万円の賃金か

・高い能力の金太郎に、低い賃金900万円を提示すると、金太郎はナマコ建設に残る（金太郎1,000万円、ホヤ商事0円）

・その他の場合は、金太郎はホヤ商事に移る

・資格の取得費用（教材、スクール代、時間、苦労）
➡高い能力の金太郎　50万円
➡低い能力の金太郎　350万円

ゲームの木

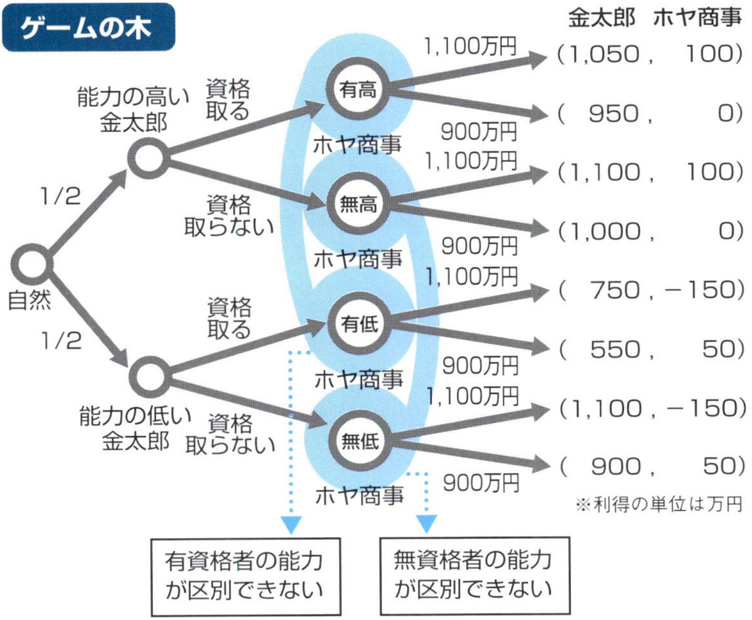

シグナリングゲームを解く

●ベイジアンナッシュ均衡のポイントを確認

このゲームの解を、先に述べたベイジアンナッシュ均衡として求めてみます。もう１度、ベイジアンナッシュ均衡をおさらいしながら、考えてみましょう。

線で囲まれている点有高と点有低は、ホヤ商事がどちらの点で行動しているか区別できない点の集合（**情報集合**）です。ルール１から、ホヤ商事はこのすべての点で同じ行動（１つの情報集合に１つの行動）を取らなければなりません。さらに、ホヤ商事は有資格者に提示する給料が1,100万円、900万円のどちらが良いかを決めるために、確率的に点有高と点有低のどちらの点で行動しているかという信念（有資格者に対する確率的推測《かくりつてきすいそく》）をもっています。この信念は、ゲームの解では、ルール３で示したような整合的な信念でなければなりません。

これらのことは点無高と点無低にも当てはまります。

●シグナリングゲームのベイジアンナッシュ均衡

このとき、以下のような信念と戦略の組み合わせはベイジアンナッシュ均衡となります（右ページ）。

・能力が高いときの金太郎の行動：資格を取得する

・能力が低いときの金太郎の行動：資格を取得しない

・有資格者に対する信念：点有高の確率１　点有低の確率０

・無資格者に対する信念：点無高の確率０　点無低の確率１

・有資格者に対するホヤ商事の行動：1,100万円

・無資格者に対するホヤ商事の行動：900万円

ベイジアンナッシュ均衡であることを確認してみましょう。

ベイジアンナッシュ均衡か？　PART 1

①戦略

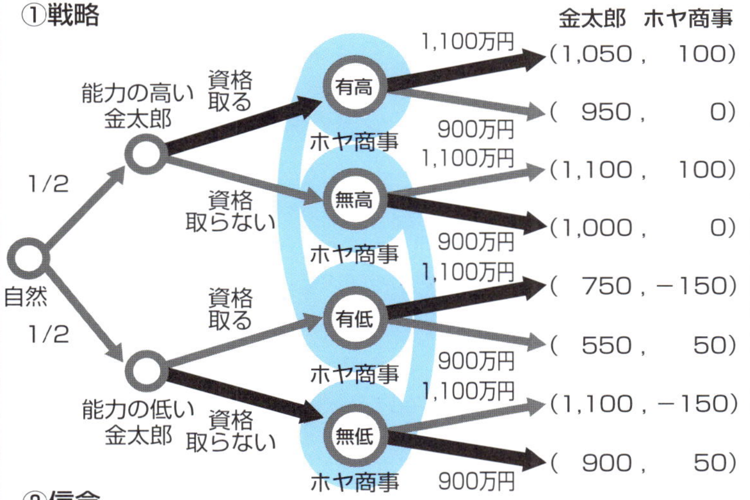

②信念

有資格者に対する信念：点有高の確率1、点有低の確率0

無資格者に対する信念：点無高の確率0、点無低の確率1

ベイジアンナッシュ均衡のルール1は満たされているか？

ルール1

ホヤ商事は情報集合内のすべての点で同じ行動をとっているか？

有資格者の情報集合（点有高、点有低）➡ 1,100万円

無資格者の情報集合（点無高、点無低）➡ 900万円

ルール1は満たされている

➡次項へ続く

シグナリングゲームの解

●ベイジアンナッシュ均衡であることを確かめる

前項で示した信念と戦略の組み合わせが、ベイジアンナッシュ均衡であることを確かめてみましょう。まず、ルール１が守られていることは簡単に確認できます。次に、ルール２に従って、信念に従い最適な行動をしていることを確かめてみます。まず有資格者に対するホヤ商事の行動を考えてみましょう。この信念のもとでホヤ商事が1,100万円の給料を提示すると利得は100、900万円の提示では利得は０ですので、ホヤ商事の最適な行動は1,100万円の提示であることがわかります。同様に、この信念のもとでの無資格者に対するホヤ商事の最適な行動は、900万円の提示であることも確かめることができます。

金太郎の戦略については、バックワードインダクションと同じ方法で確かめます。金太郎がホヤ商事の上記の行動を「先読み」すれば、能力が高いときには、資格を取ると利得が1,050、取らないと利得が1,000ですので、資格を取得するという行動のほうが良いとわかります。同様に、能力が低いときには資格を取得しないほうが良い行動であることを確かめることができます。

与えられた信念のもとで、各プレイヤーは最適な行動を取り合っていることがわかりました。最後に、ルール３に沿って信念が整合的であるかどうかを確認しましょう。金太郎の能力が高いときは資格を取得し、低いときは資格を取得しないということから、有資格者に対する信念は、金太郎の能力が高い確率（点有高）が１、低い確率（点有低）が０で整合的です。無資格者に対する信念も同じように整合的であることがわかります。

ベイジアンナッシュ均衡か？　PART2

ベイジアンナッシュ均衡のルール２は満たされているか？

ルール２

②の信念のもとで、各プレイヤーは最適な行動を取り合っているか？

☆有資格者に対するホヤ商事の行動：1,100万円 ➡ 100
（点有高の確率1、点有低の確率0として）　900万円 ➡ 0

[1,100万円の提示のほうが良い]

☆無資格者に対するホヤ商事の行動：1,100万円 ➡ −150
（点無高の確率0、点無低の確率1として）　900万円 ➡ 50

[900万円の提示のほうが良い]

☆能力の高い金太郎の行動：　資格を取得する ➡ 1,050
（上記のホヤ商事の行動のもとで）資格を取得しない ➡ 1,000

[資格を取得するほうが良い]

☆能力の低い金太郎の行動：　資格を取得する ➡ 750
（上記のホヤ商事の行動のもとで）資格を取得しない ➡ 900

[資格を取得しないほうが良い]

ルール２も満たされている。同様にルール３は？

ルール３

①の戦略に対し、信念は整合的か？

能力の高い金太郎…資格を取得する
能力の低い金太郎…資格を取得しない
➡ **②の信念と整合的**

ルール３も満たされている。
つまり、204ページの①と②の組み合わせはベイジアンナッシュ均衡である、ということができる

シグナルを出すための コストが大切

●シグナリングコストが同じなら、うまく働かない

シグナリングゲームの結果をまとめましょう。もし金太郎の能力が高ければ、金太郎は比較的低いコストで資格を取得することが可能ですから、それによって自分の能力を示して高い給料を得ようとします。また金太郎は能力が低ければ、資格取得には高いコストがかかりますので、それよりは低い給料で甘んじても良いと考えます。このことから、ホヤ商事は本来ならば観察できない金太郎の属性を、資格の有無という彼の行動が示す「シグナル」によって知ることができるのです。

ここで、資格を取得するコストが２人とも50万円であるゲームを考えてみましょう（右ページ）。このゲームには「どちらの属性も常に資格を取得しない」というベイジアンナッシュ均衡しか存在せず、シグナリングはうまく機能しません。シグナルが有効に働くためには、シグナルを出すための属性によるコストの差が必要であることがわかります。

●シグナリングゲームの問題点

しかし、理論的には課題もあります。実は、コストに差がありシグナルが有効に働くゲームにおいても、「どちらの属性も常に資格を取得しない」というベイジアンナッシュ均衡も存在し（考えてみてください）、シグナルが常に有効に機能するとは言い切れないのです。どのようなときに資格の有無によるシグナルが、情報の非対称性を克服し、属性を知らせることができるかどうかについての研究には、まだ多くの問題が残っています。

シグナリングコストが同じ場合

資格取得のコストが、能力に関わらず50万円のとき

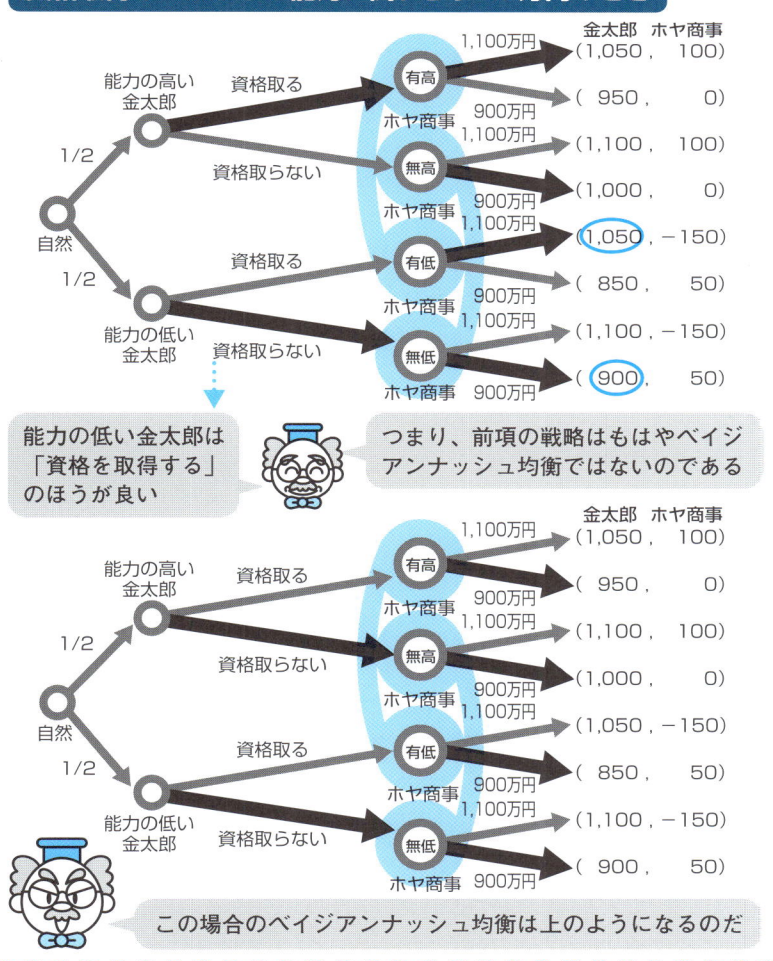

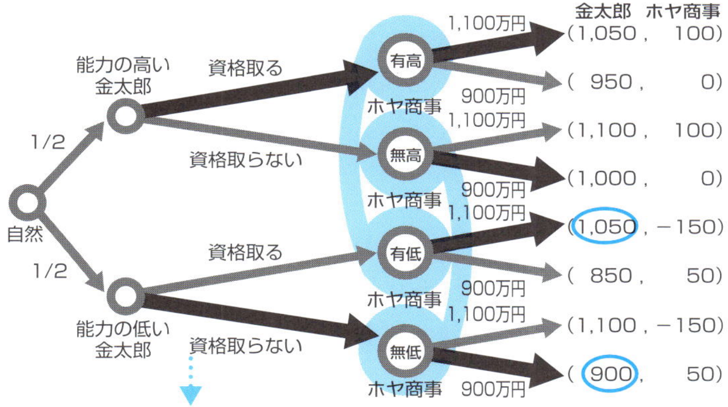

能力の低い金太郎は「資格を取得する」のほうが良い

つまり、前項の戦略はもはやベイジアンナッシュ均衡ではないのである

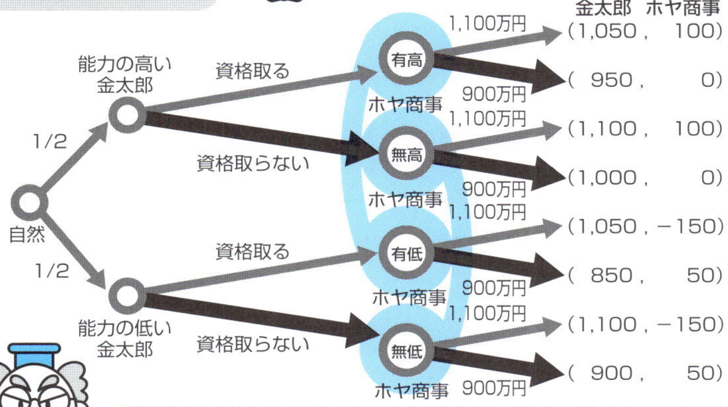

この場合のベイジアンナッシュ均衡は上のようになるのだ

情報とリスクのゲーム理論まとめ

●目に見えない「情報」のために費用を払う

第５章では、不確実性に対する意思決定や不完備情報のゲーム理論を通して、「リスクプレミアム」「リスク分担」「期待利得」「モラルハザード」「逆選択」「シグナリング」「スクリーニング」などのキーワードを解いてきました。

日本人は、知《ち》的《てき》財《ざい》産《さん》、著作権、リスクなどの目に見えないものに対してお金を払う意識が低いなどといわれることがあります。私の知人が、航空券の早期割引に対する高いキャンセル料に憤慨《ふんがい》していましたが、簡単にキャンセルできるならば、大幅割引はしないでしょう。早期割引は、売れ残りリスクを減らすためのもので、私たちもキャンセルのリスクを分担しなければなりません。

ここまで無知ではないでしょうが、この章で紹介した「モラルハザードを防ぐためのリスク分担とコスト負担」になると、なかなか考えつきません。ゲーム理論は、このような「目に見えない情報」のために、費用を負担しなければならない」ということを論理的を明らかにしてくれます。

●行動が情報を運ぶ

もう１つ、ゲーム理論が教えることは「人間の行動が不確実性に対する情報を運ぶ」ということです。逆選択やシグナリングにおいては、相手の行動を観察することで、相手の属性の不確実性がなくせる場合もありました。物理現象においては、不確実な現象に対する確率はすべて「与えられたもの」で変化しません。このような不確実性に対する見方の違いは、人間行動を扱うゲーム理論と自然科学との思想の違いといえるでしょう

情報・費用・行動

目に見えない「情報」のために費用を払う

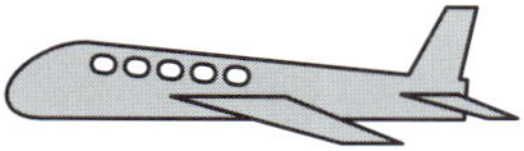

航空券の早期割引 → キャンセルに対するリスクを負担

創造的な研究やベンチャー企業への資金提供 → 失敗に対するリスクを負担

インセンティブのコントロール

↕ 適切な取り決めが必要

リスクに対する負担

行動が情報を運ぶ

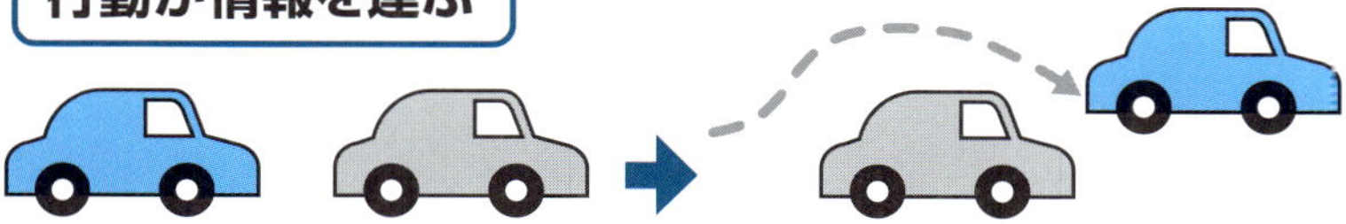

高速道路で妙に車の流れが遅くなったときに → 我慢できずに飛ばしたら…

↓

取締りを行っていて、捕まった

渋滞は、取締りの「シグナル」だったりするのだ。
ということは、皆の行動をよく観察すれば、リスクは防げる!?

もっとも、いつも安全運転するのが1番大切なのだが…

COLUMN

チェスや将棋に必勝法があるか　PART2

チェス・将棋・オセロ・囲碁などのゲームに理論的な解が存在するかどうか再考してみます。これらは交互ゲームなので、もしゲームの木を書くことができてバックワードインダクションを使うことができれば、理論的にはゲームの解（つまり必勝法）が存在します。この場合の問題は「有限のゲームの木が書けるか」という点です。言い換えると「どんな場合も何手かすれば、必ずゲームが終わる」ことが保証されるかどうか、がポイントになります。そうすれば、後向きに解を求めることが理論的には可能です。

オセロゲームを考察するのが一番簡単です。オセロの盤面は64マスで、最初に４個のコマが置かれていますので、60手以内で必ずゲームが終了します。したがってオセロはゲームの解が存在することがわかります。同様に囲碁も盤面をすべて埋め尽くせばゲームが終了しますので、解が存在します。

これに対し、チェスと将棋は難しいです。一見すると、終わりがないようにも見えるこれらのゲームには、両方とも「同じ手を繰り返しては負け（引き分け）」というルールがあり、このルールが「ゲームが必ず終了するかどうか」の鍵となります。

将棋の場合、このルールは千日手と呼ばれます。以前の千日手は「同じ『手順』を３回繰り返すと引き分け」というルールでした。しかし「手順」では、「同じ手順が繰り返されないような、いくらでも長い手順」を数学的に作ることができるのです。つまり、このルールではゲームに必ず終わりがあるとはいえません。そこで、1983年に将棋の千日手は、「同一の『局面（駒の配置）』が４回繰り返されたら引き分け」、というルールに変更されました。限られた駒と限られた盤面では「局面」は有限で、このルールのもとでは将棋は有限手順で必ず終了します。すなわち理論的にゲームの解が存在するといえます。

これに対し、チェスは初期の頃から、同一「局面」が３回現れたら引き分けというルールを採用しているので、ゲームの解が存在するといわれていました。しかし、実は詳しくルールを調べてみると、「同一局面が３回現れたら引き分けを宣言しても良い」（しなくても良い）というルールであることがわかり、近年、チェスにゲームの解があるかどうかは、困難な問題に逆戻りしてしまいました。

現実には10手先も読みきることができないので、このような必勝法の話は意味のない話ですが、数学好きやゲーム理論家には大変興味深い話ではあります。

第6章

大きく広がるゲーム理論ー
最新研究トピックス

本章ではこれまで触れてこなかったゲーム理論の話題について解説します。特に記憶力も分析力も完璧な「全知全能」なプレイヤーに基づいてゲームを研究しても、人間はそんなに合理的ではないのだから、何ら実効性はないのではないか、というこれまでのゲーム理論への批判に対して、プレイヤーの合理性を制限した新しい手法も登場しています。第1章でも述べたように、経済学だけでなく、さまざまな社会科学、自然科学の分野でゲーム理論が取り入れられつつあるように、これら最新研究も今後学問の世界のみならず、日常生活やビジネスの世界で注目されることも十分考えられます。

●この章のキーワード

むかでのパラドックス
限定合理的アプローチ
進化ゲーム理論
行動ゲーム理論
協力ゲーム理論

むかでのパラドックス

●むかでのパラドックスと限定合理性

ここからは、第５章までで触れることのできなかったゲーム理論の話題について、簡単に解説したいと思います。

右項に示した交互ゲームは、ローゼンタールという人が考えた**むかでのパラドックス**と呼ばれるゲームを変形したものです。このゲームはプレイヤー１と２が交互に「協力」か「非協力」を選択します。「協力」を選択すればゲームは続きますが、「非協力」を選択するとその時点でゲームは終了します。このゲームの特徴は、自分が「協力」を選択した次に相手が「非協力」を選択すれば、自分が「非協力」を選択したときよりも利得が悪くなる、という点です。相手も同じ状況なので相手も「非協力」を選択する可能性があり、それを考えると自分も「非協力」を選択する誘引が生じます。１番最後も「非協力」を選択することが良いため、バックワードインダクションで解くと、すべての点で「非協力」を選ぶことになります。

しかし、お互いに「協力」を選択し続ければ、お互いの利得をどんどん高くすることができます。実際に、このゲームをプレイさせて実験してみると、多くの人は最初のほうでは「協力」を選び、途中で「非協力」を選んで、ある程度の利得を得る傾向にあります。みなさんはどうするでしょうか。利得の単位を「万円」として、考えてみてください。

このゲームからわかるように、「先読み」は理にかなった考え方であるとはいえ、ときに人間の行動は「完全な先読み」とは違った行動をとるようです。

「先読み」の限界

「むかで」のパラドックス

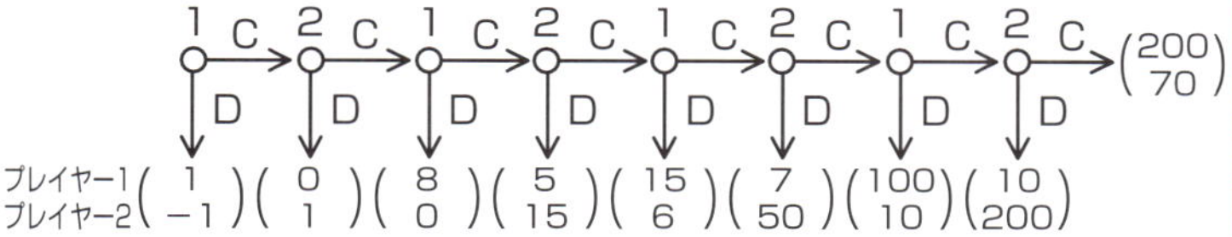

C…協力して続ける
D…協力しないでおりる

- **自分が協力してCを選ぶ**
  ➡次に相手がDを選んだら損をする
- **Dを選ぶ**
  ➡先には大きな富があるのに…

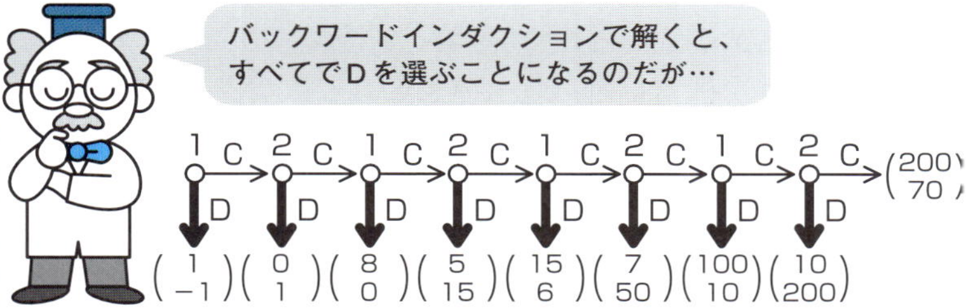

限定合理的アプローチのゲーム理論

●完全合理性と限定合理性

第５章まで扱ってきたゲーム理論では、プレイヤーは過去のすべての出来事も記憶し、どんな先でもすべての場合を計算し尽くして、利得を最大にするように行動する「全《ぜん》知《ち》全能《ぜんのう》な」プレイヤーを想定してきました。このようなプレイヤーは**完全合理的**と呼ばれ、このようなプレイヤーに基づいてゲーム理論を研究しようとする方法を、**完全合理的アプローチ**と呼びます。

これに対して記憶や計算能力に限りがあったり、自分の利得を最大にするだけではなく、相手の利得も考慮に入れたりなど、プレイヤーの合理性を制限してゲーム理論を研究しようとする方法を、**限定合理的アプローチ**と呼びます。

●完全合理的アプローチと物理学の摩擦のない面

実際のプレイヤー（人間）は、完全合理的ではないことは誰でも知っています。ゲーム理論が作られた当初から、完全合理的なゲーム理論に対する批判はありました。批判は簡単ですが、それに代わる「汎用性《はんようせい》の高い」「一般的な」限定合理性の理論を作るのは難しいことです。人間が「どこまで」限定合理的であるかは、状況や人によって千《せん》差《さ》万別《ばんべつ》です。千の人が万の理論を唱えるバラバラな状況では研究は発展しません。

完全合理的なゲーム理論は、よく物理学の「摩擦のない面」にたとえられます。そのような面は、実際の物理現象ではほとんど存在しないとしても、そのような理想的状況を「ベンチマーク」（比較対象）と考え、そこから現実的な要素を少しずつ加味して考えて、現実に近似すれば良いのではないか、という考え方です。

ゲーム理論2つのアプローチ

完全合理的アプローチ

・どんな未来のすべての場合も計算できる

・自分の利得を最大にするように常に行動する

限定合理的アプローチ

・近い未来の限られた場合しか計算できない

・相手の利得を考慮したり、利得最大化以外の行動もする

そんな完璧な人間いないよ。研究しても無駄だ！

完全合理的アプローチに対して、「人間はそんなに合理的ではないのに、なぜそんな架空の世界を研究するのか？」という疑問は尽きなかった

「限定合理的」は千差万別

研究者①

1つ前の出来事しか記憶できないプレイヤーのゲーム理論を作りました

研究者②

他者の利得を自分が犠牲にならない程度に考慮するゲーム理論を作りました

どれを使えばいいの？

コアとなる完全合理的アプローチ

→ 計算能力の限界

→ 他者への共感と互恵

→ 模擬と学習

→ 各世代にわたる生存と淘汰

進化ゲーム理論

●2つの限定合理的なゲーム理論

1990年代までに完全合理的なゲーム理論は大きく発展し、このような意味での「ベンチマーク」としてのゲーム理論は（不完全ながらも）かなり構築されました。また、ゲーム理論の応用範囲も大きく広がりました。

そのような状況もあり、90年代以降は限定合理的なゲーム理論も盛んに研究されるようになりました。その１つの流れが、**進化ゲーム理論**であり、もう１つの大きな流れは行動ゲーム理論といえるでしょう。

●進化ゲーム理論

進化ゲーム理論は、初期には生物の進化をゲーム理論の枠組《わくぐ》みで捉えることを目的としていましたが、近年は、多くの人数からなる社会や経済の現象を説明する理論として発展しています。

進化ゲーム理論といっても多くの理論があり、その境界もあいまいです。その中で想定されるプレイヤーは限定合理的で、一定の期間は同じ行動をとり続けたり（慣性《かんせい》）、高い利得を得ると多くの子孫を残したり（淘汰《とうた》）、高い利得を得ていたプレイヤーの行動を真似たり（模倣《もほう》・学習）、ときにはデタラメな行動をするプレイヤーが出現したり（突然変異《とつぜんへんい》）、などの特徴をもちます。

進化ゲーム理論においては、このようなプレイヤーを想定し、合理的なゲーム理論では扱えなかった、さまざまな概念や結果が研究成果として現れつつあります。研究者の間だけではなく、ビジネスや日常の問題を解くためのキーワードとして、進化ゲーム理論ブームも間もなくやってくるでしょう。

進化ゲーム理論の役割変化

限定合理的なゲーム理論

- 進化ゲーム理論
- 行動ゲーム理論

進化ゲーム理論

もともとは、生物の進化をゲーム理論的に説明しようとする試み

↓

現在は、社会・経済現象を限定合理的アプローチで解明しようとするゲーム理論の代表的理論

研究の対象が、時代が求める方向に変わっていったのである

プレイヤーの限定合理的行動

- 一定の期間は同じ行動を取り続ける（慣性）
- 前の期間に高い利得を得たプレイヤーの行動を真似る（模倣・学習）
- 試行錯誤により、情報の正しさを高める（試行錯誤・学習）
- 高い利得を得た子孫が増える（淘汰）
- ときにはデタラメな行動をするプレイヤーが出現する（突然変異、ノイズプレイヤー）

間もなく進化ゲーム理論のブームが来るといわれているのだ

実験経済学と行動ゲーム理論

●実験ができない社会科学

経済や政治などの社会科学が自然科学と異なるところは実験ができないところであるといわれてきました。社会の多くの人を犠牲にする経済実験などは到底許されるものではありません。

しかしながら、経済学が多くの細かい理論の統合体として構築されていることを考えると、その細かい１つ１つの「部品」である理論を実験することは可能であるかもしれません。このような考えから、経済学で用いられている理論の実験可能な部分を、実験で検証しようとするのが第４章で述べた実験経済学です。

●行動ゲーム理論

特にゲーム理論はこのような実験に適していることはおわかり頂けると思います。たとえば、囚人のジレンマに対する実験は古くから、膨大な数の研究があります。この他にも、みなさんが今まで見てきた、オークション、最後通牒ゲーム、むかでのパラドックスなどは多くの実験が行われてきました。ゲーム理論を実験と検証によって発展させていこうとするこのような試みは、ゲーム理論の応用範囲が経済学に限らないことを考えて**行動ゲーム理論**と呼ばれるようにもなってきました（まだ一般的な呼称ではありません）。

●知の集積

進化ゲーム理論にしても、行動ゲーム理論にしても、研究される分野は、もはや経済学だけではなく、社会心理学、情報科学、生物学、認知《にんち》科学《かがく》などの多岐に及んでいます。ゲーム理論は、学問領域を越えた学際研究として発展し続けているのです。

社会科学と自然科学の科学観の違い

自然科学

・実験により理論の検証が可能
・「同じ条件」を再現することができる

社会科学

・「経済」や「社会」に対して、実験することはできない
・いつも条件が異なる

実験経済学と行動ゲーム理論

実験経済学とは、実験が可能な「部品」を実験し、検証して、理論に反映する経済学のことをいう

経済学の理論は多くの「部品」からできている

特にゲーム理論は実験の土台に乗りやすい
||
「行動ゲーム理論」などとも呼ばれる

「実験して結果はこうなった」ではなく、大きな理論に組み込まれていくことが大切なのである

もう1つのゲーム理論 協力ゲームの理論

●個人が単位か、提携が単位か

合理的アプローチ、限定合理的アプローチに関わらず、ここまで見てきたゲーム理論では、個人が選んだ戦略の組み合わせが社会全体の結果であると考えられています。このような理論は、ゲーム理論の中でも**非協力ゲーム理論**と呼ばれています。

これに対して、フォン・ノイマンとモルゲンシュテルンは、3人以上の社会を記述するための重要な要素は、個人ではなく提携（グループ・結託《けったく》）であると考えました。提携をその構成単位として考えるこの理論は、**協力ゲームの理論**と呼ばれます。

ゲーム理論は初期の頃から、非協力ゲームと協力ゲームという2つの理論を柱に発展してきました。「非協力」「協力」という名前の印象から誤解されることも多いのですが、非協力ゲームでも個人がどのように協力するか（囚人のジレンマなど）というテーマも扱いますし、協力ゲームでも競争や紛争についても論じます。

この本でもわかるように、最近はゲーム理論という言葉は非協力ゲームだけを指している場合もあるくらいで、注目されているのは非協力ゲームです。しかし、60年代までは、むしろ協力ゲーム研究のほうが盛んでしたし、現在も協力ゲームの研究は活発に行われています。双方の理論を研究し、統合しようという試みはゲーム理論研究の大きなテーマでもあります。

●ゲーム理論の広がり

このようにゲーム理論は大きな広がりをもっており、現在もまだ発展途上中の学問です。興味をもたれた方は、他のゲーム理論の本なども参考にしながら、ぜひ勉強を続けてみてください。

2つのゲーム理論

ここまで扱ってきたゲーム理論はすべて
「非協力ゲーム」であったが…

非協力ゲーム

・個人が構成単位
・個人の利得最大化を基本に分析
・「どのようになるか」という事実解明的なアプローチ
・近年盛んになっているナッシュ均衡が解

協力ゲーム

・提携（グループ）が構成単位
・提携の利益・パワーなどをもとに分析
・「どうあるべきか」という規範的なアプローチが多い
・60～70年代に盛んに研究された
・コア・安定集合など、多くの解がある

60年代

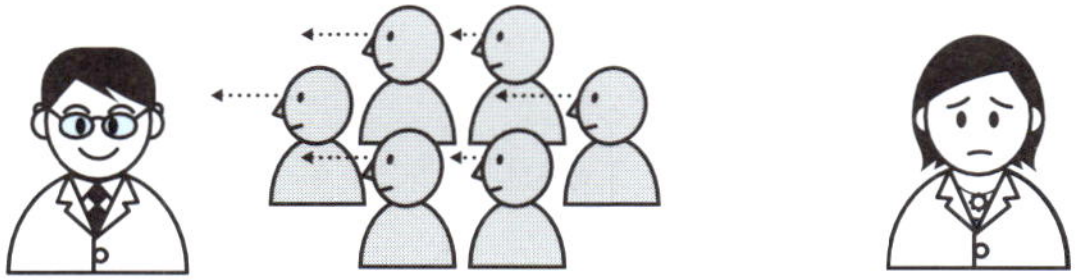

60年代はむしろ「協力ゲーム」のほうが注目されていた

ときとともに…

90年代

非協力ゲームのほうが注目され、「ゲーム理論＝非協力ゲーム」といわれるほどになった

しかし、協力ゲームもゲーム理論の大切な要素。流行に惑わされることなく、地道に研究することが必要なのである

COLUMN

日本のゲーム理論の父

もし、フォン・ノイマンとモルゲンシュテルンを「ゲーム理論の祖」と呼ぶならば、日本にもゲーム理論の父と呼べる人がいます。それは、ゲーム理論が発表された初期の頃から、日本で研究を続け、多くの著名な研究者を輩出した鈴木光男先生です。

鈴木先生は、1952年に東北大学の経済学部を卒業し、ゲーム理論に興味を持ち大学院に進学します。そして、61年からプリンストン大学のモルゲンシュテルンのもとに留学し、ゲーム理論を勉強します。日本に帰った後は、65年に東京工業大学（東工大）に赴任し、ゲーム理論の研究室と講義を持ちます。

発表された当時は注目されたゲーム理論ですが、期待通りに応用は進みませんでした。このため「ゲームの理論は遊戯の理論」と揶揄されたり、役に立たないといわれたり、つらい時代を過ごしたりもします。このような時代の中で、多くの批判を受けながらも、東京工業大学の鈴木光男研究室では、ゲーム理論研究は続けられます。この間に鈴木研は多くの国際水準のゲーム理論研究者を輩出します。これらの研究者は、現在日本のゲーム理論研究の中心で活躍している方ばかりです。

また鈴木先生は、この間いくつかの日本語のテキストを出版されます。その頃、ゲーム理論の勉強をする者は、みんな鈴木先生の本を読んだものでした（私もその一人です）。この意味でも「日本のゲーム理論の父」と呼べるのではないかと思います。

実は、私も東京工業大学に入学したのですが、ゲーム理論を勉強しようと思ったのは、かなり後のことです。修士で興味を持ち、その魅力に取りつかれた1988年にちょうど鈴木先生は東工大を退官され、東京理科大学に移られます。かろうじて最終講義のみ受けた私は、もう少し早く、ゲーム理論を勉強しておけば良かったと悔やみました。

鈴木先生は、近年も、ゲーム理論発展の歴史や今後の展望などを中心に本や原稿を発表されています。99年に出版された「ゲーム理論の世界」（勁草書房）という本では、日本のゲーム理論研究の歴史が記されており、批判も浴びながらも地道に研究されていた時代があったからこそ、華々しいゲーム理論の現在があることをうかがい知ることができます。

昨今は学問に対して応用可能性や役に立つことばかりが性急に強調され、基礎的な研究が敬遠されがちですが、鈴木先生と日本におけるゲーム理論研究の歴史は、大学や研究者にとっての地道な研究とその継続性がいかに大切かを教えてくれます。

おわりに

ゲーム理論の広がりは大変大きく、本書でもすべてをカバーすることはできませんでした。本書を読んで、更に深くゲーム理論を勉強してみたい方のために、いくつかの本を紹介しておくことにしましょう。

ゲーム理論を学習するための標準的なテキストとしては、以下の3つをお薦めします。

『ゲーム理論入門　日経文庫―経済学入門シリーズ』(2001),
　武藤 滋夫（著），日経文庫.
『経済学のためのゲーム理論入門』(1995)
　ロバート ギボンズ（著），福岡正夫・須田伸一訳，創文社.
『入門「ゲーム理論」　戦略的思考の科学』(2003)
　佐々木宏夫（著），日本評論社.

最初の本は、協力ゲームの内容も含んだ一般的なゲーム理論のテキストであるのに対し、後の2つは経済学を学ぶ者を対象にしたゲーム理論入門です。

ビジネスや日常の意思決定としてゲーム理論的思考を身につけたいという方は、「読み物」としての感がありますが、次の2つの本をお薦めします。

『戦略的思考の技術―ゲーム理論を実践する 』
　　梶井厚志（著），中公新書.
『経営戦略のゲーム理論―交渉・契約・入札の戦略分析』（1995）
　　John McMillan（原著），伊藤 秀史，林田 修（訳），有斐閣.

本格的にゲーム理論を勉強したい人、ゲーム理論の研究者になりたい人は、次の本に挑戦してみるとよいでしょう。やや上級者向けのテキストです。

『ゲーム理論』　岡田章著（1996），有斐閣.

本書の５章で扱ったインセンティブやモラルハザードを考慮した契約や制度設計などは、近年は「契約理論」と呼ばれ、ゲーム理論とは別のもう１つの学問分野と言えるほどの広がりを見せています。興味のある方は次の本を参照すると良いでしょう。

『インセンティブ設計の経済学 契約理論の応用分析』（2004）
　　小佐野広・伊藤秀史（編著），勁草書房.
『インセンティブの経済学 』（2004）
　　清水克俊・堀内昭義（著），有斐閣.

本書6章で述べた進化ゲーム理論について詳しく知りたい人はイントロダクションとして次の本を参考にしてください。

『進化ゲームとその展開―認知科学の探究』（2002）
日本認知科学会（編）佐伯胖・亀田達也（編著），共立出版.

ゲーム理論の歴史やそれをとりまく人物に興味があるなら、次の2つの本がお薦めです。前者はフォン・ノイマンを中心に、ゲーム理論の黎明期を理論の入門的解説とともに叙述した傑作です。後者はナッシュの半生記を綴った本で、2002年アカデミー賞受賞の映画「ビューティフル・マインド」の原作（翻訳）です。

『囚人のジレンマ―フォンノイマンとゲームの理論』（1995）
William Poundstone（原著），松浦俊輔（訳），青土社.
『ビューティフル・マインド―天才数学者の絶望と奇跡』（2002）
Sylvia Nasar（原著），塩川優（訳），新潮社.

もっと詳しい情報を知りたい人は、私のホームページhttp://www.nabenavi.net/の中の「ゲーム理論」のページを参考にしてください。ゲーム理論の本の紹介、日本と世界の研究者やゲーム理論関連のリンク、私の講義ノートやスライドなどがあります。

◎さくいん◎

た行

な行

は行

ま行

や・ら・わ行

■参考文献
『経営戦略のゲーム理論―交渉・契約・入札の戦略分析』
1995, John McMillan（著）、伊藤 秀史、林田 修（訳）、有斐閣
『戦略的思考とは何か―エール大学式「ゲーム理論」の発想法』1991, Avinash K. Dixit, Barry J. Nalebuff（著）　菅野 隆、嶋津 祐一（訳）、TBSブリタニカ
『戦略的思考の技術―ゲーム理論を実践する』
梶井厚志（著）、中公新書

●著者紹介

渡辺隆裕（わたなべ・たかひろ）

1964年生まれ。北海道出身。東京工業大学理工学研究科経営工学専攻修士課程修了、同専攻にて博士学位取得、工学博士。東京工業大学社会工学科、岩手県立大学総合政策学部、東京都立大学経済学部を経て、現在首都大学東京都市教養学部経営学系教授。研究テーマはゲーム理論。特にオークション、リアルオプションとゲーム理論など、ゲーム理論の工学的応用などを中心としている。 共著に『ゲーム理論で解く』（ 第4章 「オークション」）（有斐閣ブックス）がある。

本文デザイン・図版――――宮嶋まさ代
本文イラスト――――――くぼゆきお
編集協力――――――――パケット
編集担当――――――――斉藤正幸（ナツメ出版企画）

ゲーム理《り》論《ろん》

2004年 9 月 8 日　初版発行
2011年 2 月20日　第18刷発行

著　者　渡辺隆裕《わたなべたかひろ》

発行者　田村正隆

発行所　株式会社ナツメ社
東京都千代田区神田神保町1-52　加州ビル2F（〒101-0051）
電話　03（3291）1257（代表）　FAX　03（3291）5761
振替　00130-1-58661

制　作　ナツメ出版企画株式会社
東京都千代田区神田神保町1-52　加州ビル3F（〒101-0051）
電話　03（3295）3921（代表）

印刷所　ラン印刷社

ISBN978-4-8163-3745-1　Printed in Japan
〈定価はカバーに表示しています〉
〈落丁・乱丁本はお取り替えします〉